U0112900

谋 定天下系列

谋胜群雄
汉朝开国奇谋

姜若木 编著

台海出版社

图书在版编目（CIP）数据

谋胜群雄：汉朝开国奇谋 / 姜若木编著·-北京：
台海出版社，2013.7
　ISBN 978-7-5168-0223-6

　Ⅰ.①谋…　Ⅱ.姜…　Ⅲ.①中国历史-汉代-通
俗读物　Ⅳ.①K234.09
　中国版本图书馆CIP数据核字（2013）第149859号

谋胜群雄：汉朝开国奇谋

编　　著：姜若木	
责任编辑：王　艳	装帧设计：候　泰
版式设计：姚　雪	责任印制：蔡　旭

出版发行：台海出版社

地　　址：北京市劲松南路1号，邮政编码：100021

电　　话：010-64041652（发行，邮购）

传　　真：010-84045799（总编室）

网　　址：www.taimeng.org.cn/thcbs/default.htm

E-mail：thcbs@126.com

经　　销：全国各地新华书店

印　　刷：北京柯蓝博泰印务有限公司

本书如有破损、缺页、装订错误，请与本社联系调换

开　　本：710×1000　1/16

字　　数：220千字　　　　　　　　印　　张：16.75

版　　次：2013年10月第一版　　　印　　次：2013年10月第一次印刷

书　　号：ISBN978-7-5168-0223-6

定　　价：33.00元

前言

汉朝是继短暂的秦朝之后出现的朝代，分为"西汉"（公元前206~25年）与"东汉"（公元25~220年）两个历史时期，先后延续了400余年，是中国历史上寿命最长的帝国。在此期间形成了以汉族为核心的中华民族，对中国乃至世界历史的发展做出了重要的贡献。可以说，正是有了两汉400余年的孕育与发展，才有了今天灿烂辉煌的中华民族。

汉朝的开国皇帝刘邦，字季，公元前256年（公元前247年）出生于沛县中阳村，是中国历史上的第一个草根皇帝，因此备受后人争议。

那是一个充满豪情的时代，那是一个不太安分的时代，那是一个让人蠢蠢欲动的时代。秦始皇嬴政用远交近攻、各个击破的战略，先后征服了韩、赵、魏、楚、燕、齐六国，横扫天下，合六为一。但这位在马背上打出天下的始皇帝却在统一六国之后犯了一个严重的错误，对天下老百姓穷征暴抢，使天下百姓苦不堪言。秦二世胡亥继位之后，更是变本加厉，这些把秦王朝推向了万丈深渊。

刘邦正是出生在一个这样的时代。早年的他就胸怀大志，在咸阳街头围观了秦始皇车驾之后，曾发出一句让后人啧啧称奇的感慨"大丈夫当如是也"。

刘邦正是拥有了这样的豪情万丈，再加上亲身经历了秦王朝的残暴统治才在押送劳役前往骊山陵墓时，勇敢地做出决定，解散劳役，联合义军反抗秦朝的统治者。也是这样一次勇敢的尝试，改写了他的人生，使他一步步登上了帝王的宝座。

一个出身低微、生性浪荡的人是怎么登上帝王宝座的，一直是人们争论的焦点。在这里，刘邦曾经给予过精彩的回答："运筹策帷幄之中，决胜于千里之外，吾不如子房。镇国家，抚百姓，给馈饷，不绝粮道，吾不如萧何。连百万之军，战必胜，攻必取，吾不如韩信。此三者，皆人杰也，吾能用之，此吾所以取天下也。"

这一精彩的历史表白，不但道出了张良、萧何、韩信三人的伟大功绩，也体现出了刘邦能够知人善任、广揽贤才的本领。因此，与其说是他们成就了刘邦，不如说刘邦也成就了他们。如若没有刘邦的知人善任、广揽贤才，也就没有他们的万古英明。

本书以人性解史，以趣味说史，以幽默风趣却不乏智慧的语言从文献资料、民间传说和学术论著等多个角度，详细地叙述了汉朝开国奇谋的历史。本书既为广大读者提供了了解历史的窗口，又呈现了一个平民帝王刘邦的传奇人生。

目 录

第一章　豪放不羁，胸怀大志

古代的人都比较迷信，崇尚神学，所以古代的人士喜欢根据人们的这一特点，借助神学的力量来宣传自己，给自己披上神圣的外衣，让人们更加容易信奉自己。刘邦出生的时候，老天好像就已经安排好似的，开始在他身上显示"神奇"的征兆。

第二章 适时而动，善抓机遇

大千世界，一切的事物都在不断的变化发展，要想成就一番作为，就需要看准时机，不断根据客观事物的变化而变化，不断改变自己现有的看法。只有这样，才能抓住身边的机遇。刘邦正是一个这样的人，在劳役四散而逃又无法把握全局的情况下，当机立断，迅速做出决定，使自己踏上了争夺天下的道路。

第三章 广揽奇才，知人善用

从古至今，那些成功的人士，无一不是朋友遍天下。在所有成功的条件中，朋友是其中最关键的一个条件。俗话说："多一个朋友多条路，多一个敌人多堵墙。"朋友就像黑暗中的一缕光芒，照亮了刘邦的前程和人生。

第四章　西进入关，收复民心

　　征服敌人不是只有一种办法，弱者之所以能战胜强者，是因为他们懂得示弱，能够忍辱负重，在形势不利于自己的情况下，能够采取灵活的应变措施。从表面上看，这不像是一个男子汉大丈夫所为，实则是一个真正谋略家的智慧。刘邦便是深谙此道之人。

第五章 楚汉之争，以智取胜

无实而求大名者必有大祸，实力不足的时候，强自出头，就是为自己制造祸端。忍辱负重是一种谋略，而不是苟且偷生。刘邦在入关以前，怀王与诸将相约："先入关中者王之。"刘邦不负众望，先行入关，但不想遭到项羽的嫉妒，被项羽分封到偏远的汉中。刘邦自知不是项羽的对手，就默默来到汉中，文靠萧何，武靠韩信，治理汉中，整军备战，准备在羽翼丰满的时候给项羽以还击，这在当时的情况来说不失是一种上上策。

谋胜群雄

汉朝开国奇谋

004

第六章　一统天下，建国称帝

战争结束以后，面临的就是统一天下，建国称帝，分封诸侯。如何达到合理公平分封，如何保证国家的长治久安，这些都是开国皇帝刘邦所要想和所要做的。刘邦把陈平、萧何、张良称为楚汉三杰，这是在告诉世人，统一天下不仅需要文官，还需要武士。

第七章　兔死狗烹，铲除异己

权力是什么，为什么世人都在争？权力不是一句话，不是一把刀，不是一种理念，权力是一种秩序。世间的万事万物都存在一定的秩序，如果一切都不安规则不按秩序的话，世界将会是一片混乱。秩序只有通过各种条条框框才能展示出它的魅力。刘邦在楚汉战争结束时，立马收回了韩信的兵权，又在接二连三地诛杀异姓王的过程中，巩固了皇权，建立了相对稳固的汉王朝秩序。

第一章
豪放不羁，胸怀大志

古代的人都比较迷信，崇尚神学，所以古代的人士也喜欢根据人们的这一特点，借助神学的力量来宣传自己，给自己披上神圣的外衣，让人们更加容易信奉自己。刘邦出生的时候，老天好像就已经安排好似的，开始在他身上显示"神奇"的征兆。

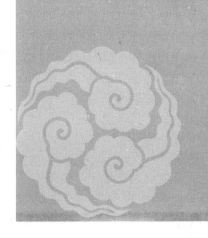

出身低微，其貌不凡

沛县约在今天江苏省北部的徐州一带，是秦朝的县制，汉朝以后，沛县所属的泗水郡改称为沛郡，原先的沛县县城则称为小沛，是徐州非常重要的粮食储存中心。

沛位于长江流域，水源充沛，气候温暖湿润。这里的居民多种植小麦，以面食为主。沛原本是一个小村落，后来到这里居住的人多了，逐渐发展成了一个小城镇，但是与发达地区相比，这个地方仍然荒凉落后。但是这个地方的地理位置很特殊，处于南北交界处，它曾分属过不同的诸侯国。后来楚国的实力日益强大，不断扩展，最终占领了长江以北的广大地区，包括沛地。

在沛县治下丰邑一个叫中阳的村子里，住着一户极为普通的人家，刘家。这家世代务农，勤勤恳恳，虽谈不上富裕，但也过着自给自足的日子。主人刘太公和主妇刘氏生有两个儿子，大儿子叫刘伯，二儿子叫刘仲。

公元前256年（或公元前247年）的一天，一件不平凡的事情降临在了这个家中，一个男婴又在这个普通的农民之家呱呱坠地了。说他不平凡是因为他不是别人，正是日后汉朝的开国皇帝——刘邦。

首先，关于刘邦的出生有个极富神奇色彩的传说，说是某天刘氏因事外出，走路走得累了，刚好路边有一棵大柳树，于是便坐下来休息，不知不觉就犯起了困。她在半睡半醒之间，突然看到一个金甲神人向自己走来，顿时下起了瓢泼大雨，空中雷电交加。这时，来找妻子的刘公看到有一条赤色蛟龙在妻子身上一跃。从这天起刘氏就有了身孕，十个月后，生下了刘邦。

这当然是传说，不足为信。但在司马迁的《史记》中有这样一段话：

"高祖，沛丰邑中阳里人，姓刘氏，字季。父曰太公，母曰刘媪，其先刘媪尝息大泽之陂，梦与神遇。是时雷电晦冥，太公往视，则见蛟龙于其上。已而有身，遂产高祖。"

这一说法在一定程度上显然是为了美化刘邦的出生，龙历来都是权力的象征，历代帝王都喜欢把自己与龙扯上关系，以此突显他们的尊贵地位。

对于刘邦的生辰，有两种截然不同的说法，一种是说刘邦生于公元前256年，另一种说法是公元前247年。具体是哪一年，出于历史的局限性，无从考证。没准刘邦自己都搞不清自己的出生年月。在古代，不知道自己的生日对一般百姓来说不足为奇，他们甚至连正式的名字都没有。

说起名字，不得不提一下刘邦称帝前的名字"刘季"。在古代，按照兄弟间的排行顺序，可称为伯、仲、叔、季。按照这个来说，刘邦在家中应排行老四才对，但是他只有两个哥哥，最合理的解释是在他和两个哥哥之间，应该还有一个出生不久就夭折的兄弟。此处仅略作揣测而已。刘邦称帝后将"季"改为"邦","邦"是国家的意思，这和自己的身份地位比较相配。

在刘邦出生这天，同村有户姓卢的人家也生了个男孩，这男孩便是日后同刘邦一同打天下的卢绾。刘家和卢家平日里就走得很近，又在同一天添了男丁，两个孩子"百日"的时候，两家大摆筵席，以示庆贺。刘邦和卢绾从小一起长大，后来又在同一先生门下学习，彼此结下了深厚的友谊。他们早年的友情，为日后共同打拼奠定了坚实的基础。刘邦有领袖风范，处处争强好胜，而卢绾性情温和，忠厚老实。卢绾在战场上虽然没有立过什么大功，战绩平平，但是刘邦还是封他为长安侯，后来又晋封为燕王，这不得不说是友谊起的作用。

作为史上第一个布衣皇帝，对于刘邦的成功，人们有无穷无尽的揣测，研究完他的离奇身世，还得再研究研究他的面相。

相面源于《周易》，有着悠久的历史，是从一个人的外貌长相看他的穷通祸福和近期的运势。这样看来，有所作为的人一定外貌不俗。那么，刘邦的面相如何呢？

刘邦不仅长相英俊，而且身上有不少奇异之处。

《史记·高祖本纪》中，有如下记载：

"高祖为人，隆准而龙颜，美须髯，左股有七十二黑子。"

隆准的意思是鼻子高挺，两颊端正，的确是标准的美男子长相。那么龙颜又是怎么回事呢？文颖在《史记集解》上诠释道：

“高祖感龙而生，故其颜貌似龙，长颈而高鼻。”

也就是说，刘邦除了鼻子高外，脖子也长。脖子长的人大多数长得较高。但刘邦究竟有多高，正史上并无正式记载。《河图书》上记载：

“帝刘季口角戴胜，斗胸，龟背，龙股，长七尺八寸。”

古时的七尺七寸，约在176厘米到180厘米间，对古代的南方人而言，算是很高了。

斗胸是胸部挺直，龟背指背脊硬朗，龙股则表示手脚长而有力量，几个因素加起来，的确是精神抖擞、意气风发的样子。

胡须更是美男子相貌的重点。古代男子大多留有胡须，胡须长得长又好看的，通常有“美髯公”之称。光是这一点，便可让人肃然起敬，可见胡须对古代男子的重要性。刘邦的“美须髯”，不但可使他显得更高贵，而且看上去比较成熟，容易使人产生信赖感。

最具特色的是刘邦的左腿上长着七十二颗黑痣。刘邦长有这些黑痣的确有可能，但是究竟是多少颗，就无从查证了。这七十二颗黑痣的事究竟是在刘邦小时候就传开了，还是在称帝后传开了的就不得而知了。

虽然刘邦的出生和身体的某些特征颇具传奇色彩，《史记》中也有记载，但是我们很清楚那只是后人的猜测而已。对于他的出生来说，根本找不到合理的事实依据；身体的异相虽然可能存在，也不免有些夸大其词。刘邦从一介布衣变为汉朝的开国皇帝，绝对不是“神授”，而是通过自己努力打拼才赢得了天下。刘邦是幸运的，他的“幸运”也许是生在了乱世，那个时代造就了他这样的英雄。但是，反秦起义那么多人中，为什么最终只有他成功地统一了天下呢？他身上必定具备成为帝王的素质，这不是单单一个"皇权神授"能说得清的。"皇权神授"放在世袭皇帝身上还贴切点儿，因为比较幸运地出生在帝王之家，而放在刘邦这个开国皇帝身上，不免抹杀了他自身顽强拼搏的因素。我们要相信天上是不会掉馅饼的，即使成功也需要运气，但是运气绝不是成功的决定性因素，一切还是取决于自身的努力。

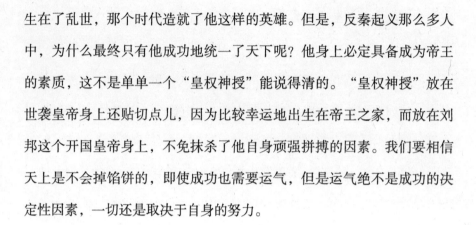

浪荡个性，喜好酒色

据《史记》中记载：

"（高祖）仁而爱人，喜施，意豁如也。常有大度，不事家人生产作业。及壮，试为吏，为泗水亭长，廷中吏无所不狎侮。好酒及色。"

因为沛县这个地方水源充足，土地肥沃，百姓们不用为吃饭发愁，所以游手好闲的人就比其他地方多一些。刘邦就是这么个人，从小好吃懒做。刘家兄弟四人，老大刘伯，年纪轻轻就去世了；老二刘仲，为人老实忠厚，一直跟随父亲在田间劳动；老四刘交，与刘邦同父异母，聪明伶俐，爱好读书，与刘邦关系非常好。只有刘邦，既不爱读书，也不爱劳动。整天游手好闲、不务正业、浪荡成性。这可把刘太公气坏了，天天责骂他"不成器"，"不如老四有出息"。刘邦也不为父亲的责骂所动，仍旧我行我素，刘太公一气之下，将他赶出了家门。

刘邦的大嫂在丈夫死后就从刘家搬了出来，带着孩子单过。刘邦被父亲扫地出门后找不到饭吃，就到嫂子家蹭饭。按说吃人家的嘴短，多少应该出点儿力，干点儿活才对，可是刘邦倒好，不但不帮嫂子干活，还经常带着他的狐朋狗友到嫂子家吃喝玩乐。他嫂子带着个孩子，生活也不富裕，自然对刘邦很不满。一天，刘邦的嫂子和侄子正准备吃饭，看见刘邦又带着一群人朝家里走来，就赶紧把饭菜藏到厨房里，还故意又敲锅又敲盆，动静很大，向刘邦暗示家里已经没饭了。刘邦到厨房转了一圈，看到嫂子藏的饭菜，心里全明白了。这件事使刘邦心里特别不是滋味，一直耿耿于怀，以至于他当了皇帝后，封了所有的侄儿，唯独对他大哥的孩子不闻不问，后来在刘太公的一再请求下才封了这个侄子一个最小的侯。

公元前224年，大将军王翦奉秦王嬴政之命，攻破了楚国，并在沛地建立了泗水郡。当时，还在与"乡"同级的交通要道上设立了"亭"这一级行政机关。经人推荐，刘邦当上了泗水亭（今江苏沛县东部）的亭长。

刘邦做了亭长后，对自己的外表十分在意，他亲自设计了一款竹皮帽子，打听到了手工编织技术最

刘邦像

好的地方——薛县，并派自己的部下拿着图纸，到薛县找人编织。刘邦对自己设计的帽子非常满意，还特意起了个名，叫"刘氏冠"。他做了皇帝以后下诏，规定只有具备一定身份的人才能戴"刘氏冠"。史书里也有记载：

"以竹皮为冠，令求盗之薛治之。"

刘邦这个人虽然好吃懒做，但是，就像《史记》里说的那样，他仁厚爱人，喜欢施舍，心胸豁达，为人随和，所以很多小青年都愿意跟他一起混。但是，对于刘家这样一个世代务农的家庭来说，土地应该是最重要的安身立命之所，种地就是最大的事业。他的两个哥哥都是种地的好手，每日追随刘太公在地里劳作，而刘季却对务农没有任何兴趣，他有点钱就去喝酒，还呼朋引伴，十分大方。他不仅赌博，还会时不时到外面做些盗贼的勾当，回到沛县以后，刘季往往非常大方地把得来的好东西分给跟自己混的小兄弟，于是大家都知道刘季对钱财看得很淡，对兄弟情谊看得很重。

沛县的青年喝酒谈天的时候，经常谈到刘季："刘哥是个不错的人，什么好处都会想着大家……"当时围绕在他周围的有各种各样的人，穷人家的孩子，富人家的公子哥，街上的小乞丐，吹拉弹唱的，杀狗赶车的……刘邦俨然以大哥的身份自居，带领小兄弟到处行侠仗义。每次闯出祸端，他们就躲避一段时间，风头过去后，又重现江湖。

一晃几年过去了，刘邦在乡里打出一片天地，成了呼风唤雨的人物。其实，刘邦心中有自己的主意，他不想面朝黄土背朝天地守着那几亩地度过人生，他要干出一番事业，让人刮目相看。

那个年代，男子大多血气方刚，极重哥们义气，好色贪杯对于男人来说也不足为奇。刘邦做的这个亭长本来就没有什么可忙的，就是接待一下过往官员的食宿、传递一下公文、维持一下社会秩序。百无聊赖的刘邦总是喜欢找个酒馆喝上几杯，要么与同事一起，要么与狐朋狗友们一起。根据史书记载，他经常去的酒馆有两家，为王媪与武负二人所开。去这两家酒馆喝酒的顾客，几乎都是泗水附近有头有脸的人，所以吃完喝完记账不给现钱也是常有的事。

刘邦在这两家酒馆喝酒一向都是记账的。刘邦在当地也算是个有头有脸的人物，他每率众多朋友前来喝酒，两家酒馆的生意格外红火。刘邦肯带官员、朋友们到小店里来喝酒，两位老板娘自然是求之不得，不敢怠慢，也不敢提还账的事。刘邦往酒馆里一坐，就像一个活招牌，客人们往往是不请自到。这样一来，两家酒馆的生意能不好吗？

两位老板娘也是不简单的女子，她们心里明白像刘邦这样的老主顾，可是八抬大轿都请不来的财神爷，巴结他还来不及呢，又怎么能跟他算酒钱呢！到了年底，刘邦的欠账自然被两位老板娘一笔勾销了。

在秦朝，亭长这个职位的政治地位很低，刘邦平日的生活开销并不是靠国家按时发放的俸禄，而是依靠政府分给他的土地上的税赋和享有土地上的作物，但这点儿微薄的收入毫无疑问根本不够刘邦的开销。他生性仁义，从不搜刮百姓的财物，又喜好施舍他人，根本没有闲钱供自己吃喝玩乐，所以才经常赊账喝酒。不过，刘邦给两家酒馆带来的利益，远远大于他所欠的酒菜钱，两位老板娘自然也是心知肚明。

尽管史书上记载了发生在刘邦身上的种种异象，但是从刘邦身上的这些缺点来看，他与普通百姓也没什么不同。相反，他身上的缺点可能比一般百姓还多。他出身农家却整日不干农活游手好闲，没读过几天书，自然也就谈不上有文化有素质。很多人都认为，他其实就是个好逸恶劳、不学无术的小流氓。刘邦好吃懒做、浪荡成性的性格跟他的成长环境有很大的关系，他是家中的老三，是其生母最小的儿子，上面有两个哥哥，家里人一定都比较宠爱他。刘邦的这些缺点要是放在现在这个社会里肯定是一事无成，但是在那个动荡混乱的时代，这些反而成为他日后成功的一些因素。有的人认为刘邦是个性情中人，他学识浅薄，所以更注重实际；他的欲望与普通百姓的欲望相通，所以能得到多数人的支持。

出任亭长，结识豪杰

在刘邦年轻时，与其形影不离的一些兄弟，都称其为"老大"。刘邦从小就沾染了一些无赖的习气，打起架来往往能把比他大几岁的人都打得落花流水。

刘邦虽然行为放荡，但是心胸豁达，不拘小节，对朋友能两肋插刀，许多人也被刘邦豪放的性格所吸引，愿意与他亲近。刘邦在家乡交了很多朋友，他们各具特色，从事不同的行业，有社会地位较高的官场人物，也有生活在社会底层的市井中人，这些人都成为他日后打天下的得力助手。

刘邦出生在战国晚期，对于那时的男子来说，17岁是人生中的重要节点。比如当时最强大的国家秦国，男子在17岁已经算是成年人了，要开始承担国家的赋税徭役了。公元前240年，刘邦已经17岁，他对于务农经商没有丝毫兴趣，为人虽说有些不安分，但在乡里也有点小名气，照这样发展下去，如果能够入仕做一个乡里的小吏，倒也是一条不错的出路。

要被乡里推荐做小吏，首先要家境富裕，财产能够达到一定的标准。这个条件，刘太公家还是能够达到的。但刘邦自己实在是不争气，所以，刘太公一气之下，就把他赶出了家门。

秦始皇二十六年（前221年），天下归于一统，秦王称帝成为始皇帝。刀枪入库，马放南山，沛县已不同于昔日沛县，大邑乡也非昔日的大邑乡，刘邦做游侠的梦想破灭了。沛县新上任的小官，一个是主管人事的萧何，一个是主管刑狱的曹参。他俩对刘邦都很熟悉，觉得刘邦是个不错的人，每次有人状告刘邦，他们都网开一面，巧妙地大事化小，小事化了。

刘邦深深地吸引着那帮弟兄，富家子弟卢绾、屠夫樊哙、吹鼓手周勃等等，都在他身后摇旗呐喊，对他忠心耿耿，一切唯他马首是瞻。萧何和曹参也实实在在感觉到刘邦的个人魅力，而且这一帮社会青年不好管理，还不如就推荐刘邦做个小官，也便于开展工作。两人一合计，就推荐刘邦做了泗水亭长，这是刘邦的第一个正式职业。刘邦的人生自此进入一个新的阶段。他在泗水亭长的岗位上，广结人缘，与萧何和曹参建立了联系并开始交往，甚至和车夫夏侯婴成为好友。

"亭"是秦汉两朝行政机关的最末端组织之一，遍布全国，主要设置于交通要道附近，大致每十里就设置一亭。亭最初是专为军事交通的便利设置的机构，后来逐渐演变为兼具军事交通与行政治安功能的基层政府机构。亭的交通职能体现在，亭有亭舍，负责接待往来于交通要道上的交通使者停留住宿，政府文件的收发传递工作也由亭担当。亭的地方行政职能体现在，负责亭部地区的治安管理，担当维持社会秩序、追捕盗贼逃犯的责任。用今天的话来说，亭就是邮政交通站兼派出所。亭是准军事机构，弓弩、盾牌、刀剑、铠甲等武器是日常配备的，每一个亭一般设有亭长一人。亭长通常是武职，要么由退役军人担任，要么由选考合格的武吏出任。因为是派出机构，由县政府办公室直接统辖。

刘邦任职的泗水亭在沛县的东部，地处要道，故址靠近现在的微山湖地区。刘邦的出生地在丰邑，丰邑位于沛县的西部，与泗水亭东西相隔百余里距离。被任命为泗水亭长以后，刘邦就一个人离开老家，独自赴任去了。

得知自己要当上亭长的刘邦心里非常高兴，而且对当个好亭长也是信心百倍。上任没多久，他就把他的一帮好弟兄都集合起来，又从社会上招了几个人，凑成了二十几人的亭管队伍。

俗话说得好，江山易改，本性难移。人在年轻时形成的个性习惯，大概一生都难以改变。入仕以前的刘邦，是乡里有名的游侠（即那种云游四方，广交朋友，讲究哥们儿义气的人）。如今做了官府的小吏，得受政府的诸多管束，就像美猴王做了弼马温，不能再胡作非为了。秦朝政府的法令极其严苛，为吏有公务在身，四处浪荡是不行的。不过，对于刘邦来说，酒还是要喝，朋友也还是要交的。

让我们来看看刘邦的朋友。

曹参，沛县狱掾（yuàn），是管理监狱的小吏。曹参与刘邦比较近似，个性爽朗，但粗中有细。他同刘邦、萧何很是投缘，也怀有敬佩之情，尤其欣赏刘邦乐于助人、慷慨仗义的个性。起事之后，曹参得到刘邦的重用，屡立战功。

萧何与刘邦是老乡，也是沛县丰邑乡人，他公文写得很好，文化层次较高，在沛县衙门里，是县令的直接助手，在沛县算得上是有头有脸的人物了。萧何个性温和，谦逊低调，善于思考，在沛县也算是一个响当当的人物。

虽说萧何的性格与刘邦的性格差异很大，但他却被刘邦的不拘小节、豪迈热情深深吸引，他觉得刘邦身上有一种说不出的大将风范，就一心想结交刘邦。在萧何的心中，刘邦虽是个小混混，却是一块未经雕琢的美玉。刘邦平时浪荡惯了，免不了干一些违法乱纪的事，萧何利用职权给了刘邦不少的帮助。

萧何虽然喜爱刘邦身上的那股豪气，但是喜欢归喜欢，他见到刘邦整日无所事事地混迹于沛县，觉得非常可惜，便开始规劝刘邦，要他为自己的前途多多考虑。正是在萧何与曹参二人的推荐与安排下，刘邦终于得到了平生第一份工作，正式出任沛县泗水亭的亭长。这时的刘邦已经是三十多岁的人了。有了这份还算有前途与地位的小差事，刘邦也正式结束了混混生活，开始为自己的前途着想了。

后来刘邦要到咸阳送徭役，按照当地的习俗，同事们都要送行，大家都给了刘邦三百钱，唯有萧何给了他五百钱。更让刘邦感动的是，萧何为了能和刘邦经常在一起，放弃了到京城做官的大好机会，继续在沛县做他的主吏。

任敖，是沛县监狱的一位看守。有一次，刘邦触犯刑法怕被官府追究，于是躲到了萧何家，官府派人来捉拿刘邦无果，就将刘邦的妻子吕雉抓走了，并对她很粗暴。任敖得知此事后，火冒三丈，将派去捉刘邦的人狠狠地收拾了一顿。任敖为刘邦出了口恶气，刘邦对他感激不尽，从此两人成为好朋友。

一个人想干出一番大事业，免不了有求于人，俗话说，朋友多了好办事。交一些与自己志同道合的朋友让一个人的生活和事业受益匪浅。但交朋友不能太有局限性，各种类型的朋友都应该交一些。除了几位官场上的朋友，刘邦还有几个关系不错的"市井兄弟"。

夏侯婴比较特殊，他不能算是刘邦的"市井兄弟"，但也不是上层人物，他是沛县衙门的马车夫。夏侯婴聪明伶俐，足智多谋，和刘邦个性相像，热情开朗，两人很合得来。有一次，沛县官府选县吏，夏侯婴入选，他十分高兴，就去找刘邦庆祝，两人对剑嬉戏，刘邦不小心伤了夏侯婴，后来这件事被人告发了。按秦律伤人本来就要受处罚，更何况刘邦身为亭长，理应罪加一等。审问案情时，刘邦否认自己伤了夏侯婴。传讯夏侯婴，他也说不是刘邦弄伤自己的。夏侯婴因为包庇罪入狱一年，期间挨了几百板子，却始终咬紧牙关，就是不承认刘邦伤了他。由于证据不足，两人都被释放了。此事过后两人成为生死之交。刘邦起事后，夏侯婴一直跟随，还经常帮刘邦驾车，并好几次救刘邦于水火之中。

单父圣，与刘邦是至交，曾在刘邦最危急的时刻帮助过他。那年，刘邦犯事被通缉，想赶紧逃走，急需一匹马，可是刘邦那时穷困，单父圣就给了他一匹马。一匹马在当时很值钱。单父圣后也随刘邦起义，一直都没立什么大功，后来跟随刘邦讨伐英布才记了功。滴水之恩当涌泉相报，单父圣当年的鼎力相助刘邦一一记在心里，并封他为中牟侯。

纪信是一个穷苦的孤儿，丰邑人，刘邦在沛县时便待他如同兄弟。刘邦成为亭长之前便经常接济纪信，当上亭长以后，刘邦的应酬便越来越多了，可是刘邦只要有机会就带上纪信。刘邦长期不求回报地对待纪信，使得纪信将刘邦视为自己的"再生父母"，他在人世间所得的一点温暖，全是刘邦所给。纪信在荥阳突围时替代刘邦而死。刘邦称帝后追封他，然而纪信既没有妻子儿女和父母长辈，也没有兄弟姊妹，以致无人受封。直到刘邦去世那年，才封了一个"纪信侯"了却心愿。用某人的姓名作为侯爵封号，在刘邦的封爵名单中只有一例，可见缅怀的特别意义。

奚涓也是沛县人，是一位猛将，自小与穷苦的老母亲相依为命。刘邦青年时代就极为赞赏奚涓孝敬母亲的行为，所以对其格外看重。无论奚涓生活上有什么困难，刘邦总是给予无私的帮助，使其渡过难关。后来，二人成为出生入死的兄弟。刘邦起义后，奚涓光棍一条随他奔赴疆场，打进咸阳时已是郎中，打进汉中时已成为将军，却始终无暇娶妻生子，最终在追随刘邦夺取天下时战死疆场，奖赏战功时位列第七。《史记》上说他"功比舞阳侯"樊哙，后追封鲁侯。然而代替奚涓受爵的，却是他的老母亲，老太太在享了五年福后也离开了人世。

这里还要再提一下对刘邦非常重要的铁哥们，那就是和他同年同月同日生的卢绾。两人从小一起读书，形影不离。刘邦犯事在外避难时，卢绾总是跟着他，担心他的安危。刘邦举事以后，经常与卢绾密谋商议要事，可见卢绾在刘邦心目中的位置。刘邦生性豁达，在年轻一代中有威信，所以沛县的各级官吏也非常喜欢和他打交道。慢慢地，刘邦的交际范围就从地痞流氓上升到了官吏。这群人整日混在一起，凡是在沛县地界上的大事小情，他们都插上一手。刘邦拿他们当做自己的手足，而这群人也成为他日后争霸天下的得力助手。

刘邦当上泗水亭长之后，一项职责就是负责招待来往公差的行旅食宿。虽然地位不高，自己也没有什么钱，但刘邦却极其喜好应酬，到处结交朋友，亭里不好安排的时候，就在自己家里请客。

刘邦平时除了偶尔跟一帮小吏们吃吃饭、喝喝酒以外，经常还要出差，就是带领那些要轮流服徭役的平民去咸阳。

虽然服徭役是件极其辛苦的事，但这跟刘邦基本上是没有任何关系的，他的任务不过就是把人带到咸阳，等到这些人服完役之后，再把人带回泗水来。所以刘邦出差的时候基本上都是非常悠闲的，抽空就到处乱逛，都城咸阳及其周边的很多地方都留下了他的足迹。正是在这些四处闲逛的时间里，刘邦开拓了自己的眼界。与咸阳这个大城市比起来，沛县实在太不起眼了。关中地区豪华的宫殿建筑、繁华的城市景象、富饶的生活都给刘邦留下了刻骨铭心的印象。可以说，刘邦能有日后的成就，与身居亭长，长期行走于各地有很大的关系。这个小小的亭长正是在任上得以开阔眼界，建立起雄心壮志。

巧结良缘，喜获娇娘

刘邦浑浑噩噩的青年时代就这样过去了，但是刘邦到底是被慧眼发现了，还因此娶了一个温柔贤淑的老婆。

这件事要从单父县富人吕公说起，吕公山东单父（今山东单县）人，膝下有四个儿女，长子吕泽，次子吕释之，三女吕雉，四女吕媭。吕泽和吕释之，后来起兵跟随刘邦，立功封侯，吕媭嫁给了刘邦的老朋友樊哙。

吕公拥有百亩良田，出手豪爽，爱结交四方游侠。吕公在单父县因为一件事得罪了人，他觉得再待下去可能会对自己家族不利，就决定迁居到沛县。沛县的县令与吕公有很深的交情，吕公相信老朋友是一方父母官，去了以后自然会有所照应的。

吕公刚刚到沛县，县城里就传开了："据说是县令的好朋友呢……""好像很有钱……"许多想找机会巴结县令的人就想通过结交吕公讨好县令，只是吕公家门槛也是挺高的，这些人找不到好的理由接近吕公。

吕公家居所选定之后，在新居大开酒宴，酬谢县令的关照，回报沛县父老的情意。适逢吕公的生日，沛县县令便做东要为吕公设宴庆祝。沛县令亲自出席，让手下的县主吏萧何主持宴会的事务。凡是沛县有头面的人物奔走相告，前往拜会。当日，一切收支接待，坐席位次的安排，都由萧何打点。

因为前来拜会的人实在太多，掌管宴会的萧何便决定，贺仪不超过一千钱的宾客只能坐在堂下。

刘邦听说县城来了一个贵客，大家都忙着结交，他也非常有兴趣。刘邦感兴趣的不是吕公，而是丰盛的酒筵。但是以刘邦的身份和家底，他是没有机会参加这样的宴会的。正因为这样，刘邦兴致更浓："心想我就是看看能不能混进去……"

就这样他兴冲冲地来到吕公的新宅门前，眼见来客送礼的金额都一一写在名册上，又听得负责接待的谒者高声唱说礼钱多少、席位上下，想着自己空手而来，萧何是他的好友，于是刘邦就心生一计，在一张白纸上写下"贺仪一万"。

刘邦径直走到萧何面前，把白纸递给了萧何，笑嘻嘻地说："刘邦贺钱万。"萧何一看便明白，知道他是来混酒喝的，当然也不戳穿。

如果换算成当时的收入，劳动一天的报酬大概也不满十钱。刘邦是亭长，月俸也就几百钱。在当时郡县基层小吏间，迎来送往的礼金，大致以百钱为单位。吕公是县令的贵宾，县令的级别礼金约六百石，换算过来贺礼也就过了一千钱而已，这对县令而言，算是上客的重礼了。贺礼以万钱计，已经是将相王侯间的往来数字，在沛县大概是闻所未闻的事情。

帖子一传进去，众人大惊，屋内立马引起一片交头接耳，吕公是个豪爽好客之人，起身出门相迎。萧何见到吕公亲自出门迎接，怕玩笑开大了，对自己的朋友不利，赶紧对吕公说："他只是开玩笑的……"

吕公根本没有在意萧何说的话，他看到刘邦，觉得刘邦气宇轩昂，与众不同，心中有些惊异。吕公心想，不管是不是真的能拿出一万钱，能说出这样的话来，也不是简单的人物了。吕公马上派人招呼刘邦，并让到上座。刘邦倒也不客气，竟然也登堂入室，丝毫不赧颜面，位居高座。

吕公见他旁若无人地喝酒玩笑，豪气把众人都比了下去，因而也更加好奇此人的来历。

吕公为人有城府，平时闲着没事的时候还爱给人看相，仔细打量刘邦相貌，见他高宽脸，须髯飘逸，骨骼奇异，觉得此人不是等闲之辈。

谋胜群雄

汉朝开国奇谋

吕公笑而不语，只是注意观察刘邦。刘邦虚报贺礼坐了上席，毫无自责不安之意；酒席间，意气自若，取笑客人，颐指气使，俨然一副上客主子的情态。吕公心里暗暗称奇。

席间宾主交谈甚欢，非常投缘。酒喝得尽兴了，吕公于是使了眼色请刘邦留下来。刘邦喝完酒，就留在了后面。吕公就对刘邦吐露了心声，说自己从年轻的时候就喜欢给人相面，经他相面的人确实不少，但是没有谁能比得上刘邦的面相，并希望刘邦能够珍爱自己。然后又郑重其事地表示愿意将女儿许配给他。

刘邦为人虽然有些玩世不恭，但是对于重要的事情却相当认真。对于吕公的看重和期许，刘邦心中暗喜，立马做出回应，当即便拜过吕公，并订下了迎亲的日子。

吕公许配给刘邦的就是他的长女吕雉。吕雉天生仪容秀丽，有贵人相，因此在吕家备受宠爱，不肯轻易许配给别人。吕公把女儿吕雉许配给刘邦，这事在家中却引起了一场轩然大波。

刘邦走后，吕夫人非常生气，责备说：“你平日里经常说咱们女儿贵不可言，这么多人来求亲都没有答应，连你的好朋友沛县县令为自己儿子求亲都被你婉言拒绝。这个刘邦也不过是一个亭长，芝麻绿豆的小官，你把女儿嫁给他受苦呀？”吕夫人唠唠叨叨，吕公就当没听到，独自品着茶，偶尔说一句：“妇人之见！”“头发长，见识短。”末了，吕公却说，刘邦将来必定要大贵，女儿嫁给他是不会有错的，主意已定，就不会再改变了。吕夫人无奈，只能答应。后来吕公叫来女儿，问她此事，她对刘邦没有恶感，就说：“一切听父亲做主。”婚事就这样订了下来。

等到刘邦娶亲当日，曹参、萧何等人来喝酒，很是热闹，还都嘲笑刘邦真的是交了狗屎运。刘邦是怎么娶到富家小姐的？可以说是无心插柳柳成荫吧。但是今天看来，刘邦身上确实有一种吸引人的气质，不然吕公，不会对他另眼相看，甚至把自己的女儿嫁给他。

吕公的识人术的确是高人一筹，他坚信刘邦一定会有飞黄腾达的一天。这件事，也让冷眼旁观的萧何，不得不对刘邦再重新评价。

成家后的刘邦，并未受惠岳父的财势。或许吕公认为刘邦仍待磨炼，也不着急提拔他。吕雉虽然是千金之躯，但嫁夫从夫，只得跟随刘邦回老家中阳里，过着朴实的农妇生活，不久便为刘邦生下了一男一女，也就是日后的孝惠皇帝及鲁元公主。

志存高远，见贤思齐

年轻人都有自己的偶像，刘邦这个平凡人也一样，即使他早年没什么成就，但他也有自己崇拜的英雄人物。战国时长期战乱纷争改变了原先的宗法制度。普通老百姓只要有能力、有机会，同样可以改变社会地位。到了秦始皇末年，社会局势的动荡不安激起了底层百姓的反抗之意，也激发了普通人"王侯将相"取而代之的进取之心。

渐渐的，刘邦显现出了他与生俱来的领袖气质，无形之中也有了自己的野心。刘邦本来就是个胸怀大志的人，只是当时还没被激发出来，但是他内心的志向一直在蠢蠢欲动。刘邦所崇拜的、想要效仿的英雄人物就是"战国四公子"之一的信陵君。

战国四公子，指的是齐国的孟尝君、魏国的信陵君、赵国的平原君和楚国的春申君。这四人身为贵族，位居高职，一向以爱才用才而闻名。其中孟尝君的声望最高，但最爱惜人才并广纳人才的当属魏国的信陵君。

信陵君是魏公子无忌的封号，他是魏昭王的小儿子，也是魏安釐王的同父异母的弟弟。信陵君虽属于贵族，但是他礼贤下士，只要是有真才实学，即使是身份卑微的人，他都能以礼相待。因此，投入其门下的宾客多达三千多人，这些故事让处于社会底层的市井百姓非常感动。刘邦经常在别人面前说，自己最尊敬的就是信陵君。

这些故事中，最让刘邦感动的是信陵君和侯嬴、朱亥间的故事。

魏国的京都大梁，有一位隐士，叫侯嬴，家境贫困，以看守夷门为生。信陵君手下有位宾客，深知侯嬴才华横溢，于是向信陵君推荐了此人。信陵君听了侯嬴的情况后，不假思索，立刻亲自去拜访了他。

侯嬴看到信陵君亲自光临，并带着贵重的礼物，很是感动，但是为了坚持自己的原则，他还是没有接受信陵君的邀请。

虽然信陵君第一次拜访吃了闭门羹，但是礼贤下士的他并没有灰心。不久，信陵君便在自己的府邸专门为侯嬴举行了一个盛大的酒宴，邀请了很多达官贵人。酒宴即将开始时，信陵君坐上马车，空出了左边最为尊贵的位置，亲自到侯嬴家邀请他。侯嬴被信陵君的真诚打动了，接受了他的邀请。

走到半路，侯嬴突然要求信陵君把他送到一位住在市场里的朋友家。信陵君立刻答应了他的请求，并掉头向市场驶去。

侯嬴的这位朋友就是朱亥。朱亥是个在市场里卖肉的屠夫，虽然出身卑贱，但剑术高明、智勇双全。

到了市场，侯嬴把信陵君丢在车上，自己下车和朱亥聊起天来，视身旁的信陵君为空气，也不提赴宴之事。侯嬴并没有忘记赴宴的事，他只是想考验一下信陵君。对于侯嬴的无礼，信陵君并没有生气，而是一直耐心等着侯嬴。

过了好久，侯嬴才把朱亥介绍给信陵君认识。信陵君恭恭敬敬地向朱亥施礼，并邀请他一同赴宴。

宴会结束之后，侯嬴向信陵君表示谢意，并将刚才发生的事情向信陵君作了解释。其实侯嬴那样做是为了成就信陵君的盛名，希望人们能够更加赞扬他礼贤下士。侯嬴采取了欲扬先抑的策略，使信陵君在各国的盛名更为广传。后来信陵君率大军救赵国，在生死危急的时刻，侯嬴和朱亥均舍命相报，使危机得到化解。

刘邦最欣赏的，便是信陵君的这种侠义精神与爱惜人才、广纳人才的领袖魅力。在他的潜意识里自比为信陵君，而把自己身边的朋友比作是侯嬴与朱亥那样的护主忠臣。在他成为大汉王朝的皇帝后，每次到大梁的时候，刘邦都不忘去信陵君的墓前拜祭，并且特意安排了三位守坟人，世世代代奉祀不绝，以表达自己对信陵君的敬重与追思。

刘邦听说信陵君的门人张耳继承了信陵君的遗风，在外黄县结交天下豪杰，不由得心动，决心前去跟从。丰邑到外黄县有数百里之遥，中间隔着魏国的单县、蒙县、甾县等地。刘邦怀着一颗景仰的心。不畏路途遥远，风餐露宿，忍饥挨饿，终于如愿以偿地见到了自己崇敬的偶像。从此，他投到张耳的门下，经常往返于沛县和外黄两地，活跃于江湖。

当时，诸侯纷争，战火连绵，版图不断发生变化。在十几年间，秦国成为超级军事强国，大有一统天下之势。秦始皇二十二年（前225年），魏王投降，秦国在魏地设置了东郡和砀郡。秦军进入外黄县以后，着力整顿社会秩序，打击民间不法势力，游侠名士张耳也受到秦政府通缉。追捕之下，张耳逃离外黄，刘邦从此与张耳脱离关系。

魏国灭亡后，楚国的边疆完全暴露在秦国面前，楚国的实力并不薄弱，但与秦国相比，已不能同日而语。为了征讨楚国，秦国起用战功卓著的老将王翦，以数十万大军，挥戈东进。不出两年，楚国遭遇了韩、魏、赵等国同样的命运，被秦国武力吞并。此时，刘邦已经人到中年。

一直努力效仿信陵君的作为、思想和风范，也是刘邦日后能够取得成功的重要因素之一。刘邦当亭长的时候结识了一位大哥，此人便是王陵。王陵是刘邦发迹之前的一个靠山。当时的刘邦地位卑微低下，因王陵为豪杰，所以拜其为大哥。刘邦没有王陵的名声大，却能与王陵称兄道弟。在沛县这个穷乡僻壤之地，刘邦的这些性格因素都成为他获得朋友和人缘的极好条件，甚至连王陵的母亲都对儿子结交的这个小兄弟印象极佳。而更让人敬佩的是，刘邦虽然爱说大话，不治产业，但是其冒险精神和勇气却超过王陵。平日里的刘邦，不仅将王陵当做自己的靠山，更将其作为自己的良师益友。遇到任何难题与挫折，刘邦都会讲给王陵听，再经过王陵的分析作出决定。刘邦在与王陵的常年交往中，不仅学到了王陵的豪爽与直率，更加将王陵视同信陵君府上的谋士。

咸阳街头，当如是也

人有的时候需要一些刺激才能觉醒，不经意发生的某件事情，也许会激发出你潜在的斗志。青年时的刘邦虽然行为放浪不羁，但他和秦末农民起义的领袖陈胜一样，心中怀有远大的志向。陈胜的志气，多少源于为了摆脱生活困境，而刘邦的志气是与生俱来的。以信陵君为榜样，便可以看出刘邦与众不同的地方。

当时，秦帝国的成年男子，除了每年为郡县地方政府服一个月的劳役外，一生中还要为中央政府（国家）服徭役一年、戍边一年。事实上，秦帝国农民的徭役负担很重，远远超出制度上的规定。按制度上的规定，沛县农民每年都要有人到都城咸阳为国家服徭役。浩大的秦始皇陵与阿房宫工程，常年需要几十万劳力。郡县被征调的服徭役的民夫，当然要由地方政府派人带领前往，并由带领者监管。地方政府中的官吏，一般都不愿担任这一差事。因为这不仅要远离家乡，备尝旅途的辛苦，更可怕的是还要承担一些意想不到的风险，责任重大。而且当时的秦法是相当严厉和苛刻的。

当上亭长之后，刘邦常常负责押送囚徒、民夫到咸阳，他总趁机多留几天，到闹市上闲逛一会儿，感受一下咸阳的大都市氛围，这对他这个从小在农村长大的热血青年来说，无疑是增长自己见识和政治素养的好机会。刘邦总是渴望着能放眼看一看外面的世界，总是不甘心一辈子窝在沛县这个小地方，于是他总是一有机会就出去看看。

一有这样的差事，他的朋友萧何等人也总是第一时间想到刘邦，为刘邦争取机会。

一次，县衙又派人到咸阳出差，毫无疑问，这个差事又落到了刘邦的头上。这次是带领民夫去咸阳服徭役。从沛县到咸阳，一路西行，大约也要一个月的行程。深秋季节，田地的庄稼都已收割入场，冬小麦麦苗刚刚破土而出，中原大地之上，远望黄绿相间，近看则一片荒凉。田野上看不到劳作的农夫，只有田边枯黄的杂草，秋风迎面吹来，一派凄凉气氛。刘邦和他带领的民夫，都是告别了亲人而踏上征程，徭役辛苦劳累，民夫个个垂头丧气，怀着悲伤的心情前行。

旅途中刘邦非常警觉，很少喝酒，带领着本县的几百名民夫前往咸阳，他深知自己身上的担子有多重，责任有多大。而且刘邦出身于普通百姓人家，心地宽厚仁爱，能够深切地体会到服徭役的艰辛。一路上他对这些民夫倍加关心，不时的用自己的旅费买些酒菜与大家共享。刘邦的行为使得他所带领的几百人对他无限感激，因此一路上没有人给他惹出什么麻烦来。

路途的艰辛劳累，加上凄凉的心情，使刘邦与平时判若两人。但是走过函谷关进入关中秦国故地时，他的心情随着路旁的景观逐渐好了起来。刘邦被层出不穷的奇景深深地吸引住了，脑海中不停地想，大秦帝国的土地，果然是一块宝地。

刘邦一边欣赏着沿途的风景，一边在心里不停地寻思着什么。崇山峻岭，巨川大河，形势险要，无怪乎山东六国的联军总是不能越函谷关西行一步，而猛如虎狼的秦军却能从西方居高临下，一举而灭亡六国。这一切，都是刘邦身居沛县时无法体会得到的。

观览景物，思索历史，伴随着西行的步伐。为在限期内赶到咸阳，作为队长，刘邦怎敢停步发怀古之幽情。跟随在他身后的，毕竟是几百名衣装不整、服色不一的农家子弟啊！

为了在规定的限期内到达咸阳，刘邦他们马不停蹄地赶路。走着走着，远处的山阳水阴之间，露出了帝国皇帝离官别馆的殿影。秦自建国以来，西起雍都（今陕西凤翔），东至潼关黄河，"东西八百里，离宫别馆相望属"，所谓"关中计宫三百"，说明秦国多年来在渭水两岸先后建造的庞大宫殿群，数不胜数。风格各异的秦宫，夕阳映照，点缀在青山绿水之间，使刘邦神往。

走完了山路，刘邦一行人终于到了咸阳城的大门。

咸阳城内街道平整又干净，比起沛县不知强上几百倍。大街上人来人往，熙熙攘攘，路边的小摊无比热闹，商品琳琅满目，一派繁华景象。女人们穿着花花绿绿的衣服在街道中穿梭，这都深深吸引了刘邦。

刘邦在沛县哪有过这样的见识，也正是因为如此，这欣欣向荣的景象深深地印在了他的脑海里。他情不自禁地陷入了一片沉思中：咸阳城如此富有，而自己的家乡沛县却贫困不堪；咸阳城如此繁华，沛县却冷冷清清。

刘邦所带领的民夫，报到地是咸阳城东南的阿房宫工地。进入工地后，民夫便在监管下投入了劳作。

刘邦则借着职务上的方便，信步来到街头。突然人群中一片骚动，人们蜂拥着向街中心跑去，原来是秦始皇巡行。秦始皇车驾出行，一般都是戒备森严，禁止老百姓观看的。偶尔也允许百姓们观看、瞻仰，借以在平民百姓面前显现他的神威。

刘邦有幸赶上这一盛大场面，当时，警戒线之外，人山人海，刘邦被人流涌至前沿，他站稳了脚跟，得以观看了皇帝车队在他面前驶过的全部情景：

汉高祖刘邦像

只见车队最前面的是类似兵车性质的"高车"，每车驾都是清一色的四匹高头大马。车架上笔直地站立着高大魁梧的卫士，身着盔甲，手持兵器，他们个个精神抖擞，目光炯炯有神。兵车之后是副车，即"安车"，车上有椭圆形车盖，车厢分前后二室，外表装饰华丽，前面坐着谦恭谨慎的驾车御官司，也是每车驾清一色的四匹高头大马。副车之后是秦始皇乘坐的更为豪华壮丽的銮驾，即"金根车"，驾六匹清一色的高头大马。金根车过后，又有副车、兵车驶过。

据史书记载，天子车驾出行，有大驾、法驾、小驾之分，除皇帝乘坐的金根车、五时副车之外，大驾有属车（包括兵车在内）八十一乘，法驾有属车三十六乘，小驾有属车九乘。秦始皇此次车驾出行，不是出函谷关巡行帝国的东土，当然不会配备八十一乘属车的大驾；但他恩准百姓"纵观"，用配备九乘属车的小驾不足以在百姓面前显现皇帝的神威，因此他下令配备有三十六乘属车的法驾。由金根车、五时副车、三十六乘属车和仪仗所组成的车队，足可谓是浩浩荡荡了。

当秦始皇的车驾从人山人海的百姓面前驶过的时候，警戒线随即撤除。此时刘邦才如梦方醒，那威严的气势使刘邦大为震撼，深深地刺激着他的心灵。他的心头不禁涌上来一股豪情壮志，脱口而出："大丈夫当如是也！"

刘邦作为一个农家子弟在沛县生活了三十多年，这次的咸阳之行，使他彻底地明白了穷乡僻壤的农村与繁花似锦的大都市的差别，从那时起，他的内心再也无法恢复昔日的平静。这么多年他生活的圈子太狭小了，认识的几个稍微有社会地位的沛县小官，就是萧何、曹参等人。他从没想过也不可能想到外面的世界竟然这么精彩。刘邦羡慕帝王般奢华的生活，这激起了他的豪情，这一刻他开始决心要大干一场。

第二章
适时而动，善抓机遇

　　大千世界，一切的事物都在不断的变化发展，要想成就一番作为，就需要看准时机，不断根据客观事物的变化而变化，不断改变自己现有的看法。只有这样，才能抓住身边的机遇。刘邦正是一个这样的人，在劳役四散而逃又无法把握全局的情况下，当机立断，迅速做出决定，使自己踏上了争夺天下的道路。

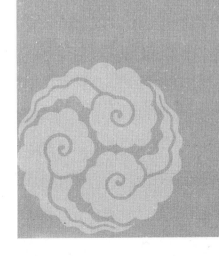

将错就错，被迫起义

　　自娶了娇妻吕雉之后，刘邦的日子过的倒也轻松自在。吕雉不愧为大家小姐，对刘邦以礼相待，衣食住行料理得稳稳妥妥，不时还拿出自己的嫁妆贴补家用，可以说刘家在吕雉的经营下也过得有模有样了。日子好过一些，刘邦不时接济一下夏侯婴、樊哙等人，吕雉也从来不过问。刘邦在兄弟中地位日增，心中也暗喜自己找了一个好老婆，期望这样的神仙日子继续下去。但是好景不长，事情很快就发生了变化。

　　秦始皇三十七年（前210年），秦始皇东巡，崩于沙丘平台，首都咸阳发布治丧公告，征集天下犯人和青壮年连日赶往骊山修建秦始皇陵。刘邦接到县衙通知，要将本县的犯人押解到骊山修建秦始皇陵。

　　秦始皇在位的晚年，因为北边有匈奴，为了使自己的帝业长久相传，就不惜修建万里长城，耗费大量的人力物力，加上原本已经进行的驰道、宫殿以及骊山陵等浩大的工程，国家原有的人力根本不够使用，只好从民间征调大量的劳役来补充。

　　秦国之所以能够统一天下，一个基本的原因就在于利用早年建立起来的什伍制度，"什"即为里，是由五十户所组成，之所以称"什伍"，是由于里是由十个"伍"编制而成。秦朝借此将全国各地的户口资料掌握得非常好。一里五十户中有多少个男丁、多大的年龄，随时都有人进行统计，并建立了详细的户口簿籍，以此作为征税及征调劳役的凭证。由于各个辖区的人口统计资料大多保留在各地政府手中，地方官又采取轮调制，根本不知道以前报上去的数字是多少，所以哪个地方官也不敢对现有户口弄虚作假，否则就可能面临着抄家灭族之祸。

早年，秦法虽然严峻，但对征调百姓服劳役还是非常谨慎的。在秦国，为了保证粮食供应，服劳役也会避免农忙时节，甚至发动战争也都会选在农闲的时候。并且，商鞅在变法时确立的原则是，王子犯法与庶民同罪，可见秦国的法令不只是用在劳动人民的身上，也用在限制政府以及贵族的身上。

但秦国统一六国以后，要进行各种史无前例的改革以及大规模的建设，短短十几年间，工程太多，人力财力均已吃紧。国力与民力长期处于超负荷运转中，执法严厉而无弹性，百姓便有受虐待的感觉。据史书记载，秦国百姓，十户有八户家庭的壮丁被充劳役。而严峻的秦法以及沉重的劳动量使得参与工程的壮丁十有八九累死或病死。所以，各地普遍出现逃避劳役的现象。

在接到押送劳役前往骊山陵墓的任务后，沛县县令立刻编造出户口名册，并派属下的各亭亭长负责押送劳役。这次的劳役是修建骊山陵，是一件非常艰难的工作，加上每个人都对过多的劳役积怨甚深，因此负责领队是一件非常危险的差事。万一有人结队逃跑，领队也会被严峻的秦法牵连在内。

常年押送大批劳役奔赴全国各地的经历，使得刘邦能够体会到百姓的不满与哀怨。知道这次押送劳役的任务落到自己头上后，刘邦虽万分不愿意，但上司指派的任务又推辞不得，只好硬着头皮带领征调的五百多名劳役向骊山陵墓工地出发了。

萧何一行人和吕雉都来送刘邦，看到自己的好友和家人，刘邦叹息说："宁做太平狗，不做乱世人。"前途渺茫，生死难料，他心中第一次对秦朝朝廷充满了不满和愤恨，并带着这种愤恨上路了。

从沛县到国都咸阳有数千里之遥，翻山越岭、跋山涉水，全靠大家的两只脚。每个人又携带着笨重的铺盖与干粮，日夜兼程，无论在心理上还是身体上都是件非常苦的差事。

一路上劳役们都蠢蠢欲动，想方设法逃跑，刘邦很难控制局面。走了一天后，刘邦清点人数，发现已经少了十一个人了。刘邦虽然发现了有人逃亡，但监管的人员实在是太少，山路又崎岖不平，实在也是难以搜捕。所以，刘邦虽然知道这事对自己十分不利，却也是束手无策，只好继续领着其他人向骊山前进。

剩下的也人心浮动，伺机逃跑。刘邦心里不由得犯起嘀咕："照这样下去，到骊山工地后，恐怕就只剩我一个人了。到那时，还不是死路一条。"他心里权衡了一下，觉得自己不能做了骊山陵墓的牺牲品，必须想出一个解决的办法。想着想着，就琢磨出了一条法子来，刘邦觉得与其坐以待毙，不如将计就计。

到了丰西泽中，刘邦就下令所有人休息，将剩余的全部路费都换成了酒和菜，并请剩下的劳役与他痛痛快快地大吃大喝一场。以往刘邦押送劳役，也同带领的劳役们在途中饮酒，但他总是克制自己，因为前面还有很远的路程，不能有闪失。这次就不同了，他前面的路，不是西行入关去骊山，而是连他自己也不知道了。在酒肉面前，刘邦第一次与劳役们开怀痛饮起来。刘邦看起来很高兴，其实他的心情却是复杂的。

痛饮过后，刘邦开始思念家里的父母与妻子，想想以前的自己虽然官不是很大，但日子过得还算安稳。家里边有老婆、有孩子，还有几亩地，也不愁没有饭吃，今日却落得有家难回的地步，禁不住长叹一声。此时此刻，他来不及想将来，而是必须正视现实，逃亡山林。

挨到夜色苍茫，刘邦站起来，把酒瓶摔在地下，挨个解开押解劳役的绳索，劳役们都露出惶惑的神情，刘邦对他们说道："我也不愿意让你们去骊山送死，你们都逃吧，队伍在今晚全部解散，每个人愿意去哪就去哪，责任完全由我一个人来承担。"听到这里，劳役们都感激不尽。劳役当中有一些胆子比较大又讲义气的带头说愿意追随刘邦。刘邦想"也好"，有了一群追随自己的人，相互也可以有个照应。但是前路茫茫，又没有任何的准备，该去哪里，这位大英雄这时也犯起了愁来。刘邦意识到此时不是犯愁的时刻，必须立马想出一个办法来，于是他立马率领众跟随者往深山里走去。一方面，是为了避免消息走漏后被官府逮到；另一方面，进入山区后，也比较容易找到吃的东西，存活的机会也大一些。

刘邦就这样阴差阳错的有了自己的队伍，成了秦末无数地方起义队伍中的一支。没过多久，消息传到了沛县，等待刘邦的只有极其严峻的秦法。刘邦也从一名乡村小吏变成了一名通缉犯，他的神仙日子也就泡汤了。

勇斩白蛇，匿身山林

刘邦在距离沛县县城百十里地的丰西泽中亭将所押送的五百余名劳役全部释放，带着跟随他的人逃亡入山，队伍的为首者刘邦当然是死罪。消息很快就传到了沛县县城。私自释放所押送的全部劳役，这在当时的秦国绝非小事。若不是发生在秦国即将灭亡的时候，刘邦全族必然招致灭门之祸。然而，当时的天下动荡不安，战争四起，各级地方官员都是拼命自保。如果上报给朝廷，按照秦法且不说是沛县县令，就是泗水郡的郡守也将受到极其严厉的惩罚。因而，这件事发生后，从县令到郡守都是故意装作不知道，没有把这件事上报给朝廷。况且，沛县县令和县府中的大小官员都同刘邦有着不同程度的密切关系，因而也都在此事上遮遮掩掩地不提，刘邦也一直没有被追查。

且说当时刘邦举首四望，心里想着哪里会是自己的栖身之处呢？因而想起了秦始皇几年前东巡时说过的一句话："东南有天子气。"刘邦在走出沼泽地后，于迷茫之中受秦皇帝这句话的启发，举目遥望南面那云雾缭绕的芒砀山，心想：面前莫非就是为自己提供的有天子气的栖身之处？于是便毫不犹豫地带领十余人向芒砀山走去。

芒砀山在今河南省永城市芒山镇，芒山镇是沛县西南方的邻县，芒砀山海拔并不太高，但位于低洼的沛丰沼泽地的南沿，其相对高度亦足以称为这一地区小有名气的山陵，况且山间有古树密林，杂草丛生，于"山泽岩石之间"，不乏匿身之处，可供辗转栖身。

当时虽然天已经黑透了，但他们不敢耽误，因怕天亮后官府派人追捕。刘邦借着酒胆，带着那十几个人在泽中亭的小路上摸索着前进。走到一半，他们就看到一条手臂粗的白蛇盘在路中央，在月光下十分显眼，许多人都被这突如其来的白蛇给吓了一跳，这时有人说道："咱们还是往回走吧，我从来没有见过这么大的蛇。"刘邦酒醉尚未清醒，大声喝道："男子汉大丈夫，还怕有蛇挡路？"说着，趋步上前，拔出剑，对着大蛇就是一剑，把大蛇拦腰斩成两截，然后用剑拨开死蛇，劈开道路，率众人大步而过，跟随的人唏嘘一片。

刘邦斩蛇

斩断大蛇后，刘邦带他们一口气跑出好几里。其中一个丰邑人很有见识，他觉得刘邦为人侠义，还很有胆识，跟着他也许以后会有生路，就杜撰了一件怪事：前一晚有人走到斩死大蛇的地方，发现一位老婆婆蹲在那里哭泣。那人就问老婆婆："您哭什么呢？"老婆婆回答："刚才有人杀死了我的儿子。"那人问："您的儿子为什么被杀？"老婆婆手抹眼泪，对那人说："我的儿子原本是白帝的儿子，他变成蛇，挡在路中央，刚才被赤帝的儿子杀死了。"说完一闪就不见了……

这件事被他说得神乎其神，大家都信了，私下里议论，认为刘邦了不得，越发敬畏。刘邦是听在耳里，喜在心上，心想：什么白帝赤帝，不去管他，这件怪事应在我身上，莫非是上天的安排，要使我成事？想到此，心中有些得意，暗想："不管是真是假，反正对我也没有坏处。"以后便以赤帝的儿子自居。

刘邦斩白蛇，由此引起白帝、赤帝之说，为史家借助神话、传说，附会出汉将兴、秦将灭亡的一种舆论。

芒砀山区有大小十多座山岗，连绵数十里，林木茂盛，周围沼泽密布，是个避难的好去处。经过一夜奔走，刘邦等人终于到了芒砀山，从此，刘邦便正式落草为寇，成为秦朝政府通缉追捕的犯人。

进入芒砀山后，刘邦大有绝处逢生之感。匿身于山岩间的风霜雨露之苦，对于出身农家的刘邦和跟随他的十几余名青壮年来说，也算不得什么。虽然要东躲西藏，但大家在一起共患难，倒也是过得无拘无束，整日好不快活。刘邦约束跟随自己的十余名弟兄，不可侵犯附近百姓，干那些打家劫舍、杀人越货的勾当。

刘邦释放劳役后，去向不明，家里的人甚是担心，但又无可奈何。

父亲时常生气，说刘邦是自作自受，放着好好的官儿不当，竟惹出如此的祸端。只有吕雉毅然离开家门，去寻找失踪的刘邦。

吕雉听说刘邦半道解散劳役逃亡，日夜牵挂着丈夫的安危，在家里怎么也待不住，就把儿女安置在家，独自外出四下打听丈夫的下落。一个从未走出家门的农家少妇，在杳无音讯的情况下四处去寻找自己的丈夫，必定要经受很多的辛苦和磨难。好在吕雉天性刚毅，在丈夫"畏罪逃亡、下落不明"的情况下，她一心只想找到丈夫，在这种意念的支持下，她没有任何畏惧。

吕雉一路上逢人便打听有没有见过她的丈夫。她首先来到了丰西泽中亭，又四处打听，来到了芒砀山。虽然芒砀山山高林密，杂草丛生，但是吕雉经过艰难险阻，在此地辗转了几日，终于还是找到了刘邦。

夫妻二人相见于山岩之间，吕雉看到久未相见的丈夫时，心头不禁猛的一酸，只差眼泪没有掉下来。只见刘邦满面胡须，颧骨高突，两只比往常更加炯炯有神的大眼睛，把脸庞凸显得更加削瘦。刘邦瞧着妻子那副心疼的模样，又见她那被山风吹乱了的鬓发。被树枝划破了的衣袖，特别是眼角上出现的皱纹，深切体会到了妻子一路找来的辛酸。二人面面相视，一时间竟然相对无语。

刘邦向妻子询问了家中父母和儿女的情况，吕雉都一一详细说明。刘邦又问她一路上遇到的艰辛，吕雉却用三言两语就把话支吾过去了，不肯向丈夫讲述她为寻夫所遭受的那些磨难，担心丈夫为此而痛心。吕雉问刘邦怎么跑到这群山中来，这些日子是如何生活的。刘邦和妻子的心情似乎是一样的，也没有多讲在这里的艰苦生活。

一个从未出过门的农家少妇竟然只身找到了远藏在百里之外的丈

夫，无疑是一件奇事，后来曾在其他书籍上看到说："吕雉是循着刘邦身上的一股云气找来的"，"吕雉说刘邦所在的地方，常有云气缭绕"，显然已经无可考证。

刘邦和众多兄弟的藏身之所自然吕雉是不方便久留的，她只在这里留宿了一晚，便匆匆告辞了。时隔没几日，吕雉又回到芒砀山，为刘邦送来一些御寒的衣物，还为大家带来了一些食物。就这样，吕雉经常来到芒砀山探望丈夫，刘邦等人则匿身于芒砀山的群山之间，为安全起见，他们还要经常变换栖身的地方，行踪漂泊不定。然而，聪明的吕雉每次前往，总是能顺利地找到刘邦等人的藏身之处。

吕雉经常往来于沛县与芒砀山之间，这种事自然还是瞒不住刘邦家乡的兄弟。吕雉对来到家中询问刘邦下落的萧何、曹参说了实话，于是，刘邦的这两个兄弟就请吕雉向刘邦捎话，让他多加保重自己。

刘邦匿身于芒砀山后没多久，秦公子扶苏被赐死，少子胡亥继位登基，称秦二世。新继位的秦二世胡亥变本加厉、倒行逆施，使得本已怨声载道的秦朝更加民不聊生。当陈胜、吴广在大泽乡首举反抗暴秦的义旗之时，刘邦在芒砀山间所聚集的弟兄也早已经不只当初的几十个人了，已经成了几十只反抗暴秦的队伍中的一支。

百姓日子愈加艰难，到处都是流亡难民。源于刘邦的仗义，渐渐地，这支原本名不见经传的队伍开始在沛县以及芒砀山周边一点点地打出了名气。随着秦二世的胡作非为，老百姓的日子越来越过不下去，一些不堪压迫、揭竿而起的百姓就跑到芒砀山这里投奔刘邦。

诸侯反秦，积极起义

秦始皇攻打六国时，运用远交近攻、各个击破的战略，征服了韩、赵、魏、楚、燕、齐六国，横扫天下，合六为一。中国历史上的第一个封建帝国就此形成，秦始皇也成为中国历史上的第一个皇帝。

但是秦帝国的徭役相当的繁重，使天下百姓苦不堪言。秦始皇驾崩之后，秦二世执政，变本加厉，对老百姓的搜刮、征兵更加严重，奸相赵高乘机专权祸国。据记载，当时秦帝国的人口数为两千多万，而每年要征用的百姓在七百万人次，除了孩子、老人和女人，秦帝国的男人基本上都在"劳改"。

秦二世元年（公元前209年），秦王朝从泗水郡征调九百壮丁到渔阳（在今北京密云西南）做戍卒。

都说天有不测风云，人有旦夕祸福。这队人马行到大泽乡时，被忽然降下的暴雨拦住去路，连着几天都没有停的迹象。只能在此处停留。在秦朝，征调壮丁有规定抵达的最后期限，如不能如期抵达，就是犯了失期之罪，有官职的要受罚，贫民要处死。

陈胜也是这九百壮丁之一，他被两个负责押送的将尉选为屯长，另外一个屯长名为吴广。陈胜、吴广两人，祖祖辈辈都是农民。

这可如何是好？陈胜的眉头几乎拧成了一团，他和吴广两人商量了良久，最后两人对掌一拍，两个手掌心都写着一个大大的"反"字。是啊，去是死不去也是死，反正都是一死，还不如反了，起码死得轰轰烈烈。

陈胜、吴广坚定"革命"的信念后，便马不停蹄地做一些准备工作。

他们决定在大泽乡起兵反秦，至此成为正式以武力反抗暴秦的第一支队伍。

当时他们的队伍并不大，只是一群乌合之众。但是楚地各部族一向对秦朝恨之入骨，所以趁机杀死各郡县的秦朝官吏，到处响应起义。一时间，大泽乡周围的各郡县，皆成了起义军统领管辖的势力范围。

一时之间，楚地豪杰纷纷群起响应，拥有千人以上队伍的，不可胜数。其中以起兵于会稽的项梁、项羽叔侄，以及沛县父老拥戴的刘邦最为有名。

这一年，刘邦仍匿身于芒砀山之中。此时山外的世界已不是他在沛县作泗水亭长时的样子了。在这种形势下，刘邦积极地在此地招兵买马，留着日后为自己起兵所用。在此期间，他时常派手下下山，把自己斩白蛇，是赤帝之子的故事讲给老百姓听，其目的就是争得更多人的支持。他的手下把刘邦说得神乎其神，老百姓们都将信将疑。很多年轻人因为在家乡吃不上饭，听说刘邦在招兵买马，还有饭吃，就跟着上山去了。大多数的老百姓都被官府搜刮得粒米殆尽，实在拿不出吃的来帮助义军。刘邦他们就学官府巧取豪夺的办法，到一些富家大户那里去"借粮"，说是借，实际上就是强行去抢，永远没有还的时候。他们就这样扎根在芒砀山之中，昼出夜归，没多久，就聚集了几百人，筹集的粮食和钱财也足够不时之需。刘邦积蓄了足够的力量，就带领部队返回沛县，被立为沛公。

看着转眼间就拉起的队伍，刘邦心中非常高兴。他心想，起义不也就是这么回事，只要瞅准了机会，敢想敢干，就什么都有可能做到。前一阵，还担心自己被官府抓到砍头，一咬牙就豁出去向前迈了这一步，再回头看看，就是另一番天地了。今后就按这个路子继续招兵买马，看看自己到底能干到什么程度。

刘邦的部队在芒砀山上休整了一些日子，然后分成三个组，让手下的史劲、许横、郝松各自带领一个组，自己身边留了几十个人随时听候调遣。他叫懂些武术的人教手下们练武，没有兵器就暂时让大家砍些木棍来代替，安装个铁枪头就是长枪。因此，刘邦的部队一直以长枪见长。

刘邦自己没带过兵，有这么一支队伍在手里，觉得十分满足。加之他建功立业之心很迫切，按捺不住就要下山去闯荡一番。士兵们整天吃饱了没事干，浑身憋得特别难受，巴不得找个地方一试身手。兵将一拍即合，迅速擦出了火花。

芒砀山下有一座小城叫永城，城池很坚固，守卫的士兵也非常多。刘邦一伙人将起义的首个目标就选定为攻打永城。他们最近这段时间在山上聚集的消息，也传到了永城太守的耳朵里，太守心想：一伙毛贼也成不了什么气候，等我腾出人手来，派几个官兵就一举把他们驱散了。

太守还没等官兵腾出手来，刘邦他们就不请自来了。芒砀山在永城东边，刘邦他们选择从西边攻城。由于守城的官兵没有任何防备，趁晚上城门还没关的时候，就先由小分队把守门的官兵制服了，随即大部队跟着蜂拥而入。在攻城之前，他们就已经把永城内的情况了解得清清楚楚了，三支队伍一支攻打府衙，一支占领各个城门，一支攻打兵营。就这样，刘邦的队伍以迅雷不及掩耳之势占领了整个永城，官府还没等弄清怎么回事，就被起义军给端了老窝，太守也被活捉了。大批秦军措手不及，还没等拿上武器，就被起义军杀死了。整个战斗干脆利索，刘邦稍后清点起义军，只有少数几个人伤亡。

刘邦就这样占领了永城，朝廷一时还不知道，由于当时起义军四起，即使知道也无暇顾及这个小地方，所以不用担心秦军。刘邦的首战就取得了大捷，感到很顺利很高兴，他就让手下在永城好好地享乐了一下，补足粮草，配备大量兵器，扩大了队伍规模，准备将来干更大的事。

刘邦是个很有头脑的人，没几天他就意识到永城再好，也不是久留之地。要想干成大事，凭自己手上的这点人马是根本不可能的。他就把永城交给了史劲驻守，自己带着其余的队伍向北前进，决定带兵投靠正在攻打咸阳的陈胜、吴广。

有了攻打永城的经历，他认为只要是没有大量秦军驻守的地方，城池都很好攻下来，在经过曹县时，刘邦就决定对这里来一个突然袭击。不料，因为曹县附近起义军经常出没，守军早就加强了防范。他们进城之后，城门就迅速关上了。刘邦的几支部队，都遭到了猛烈的反击。他们无法占领官府，也无法控制城门，双方展开了激烈的肉搏战，最终来到了城中间的大街上。刘邦眼看秦军众多，就命令队伍从南城门撤退。队伍一听要撤退，再无心恋战，大群人都涌向了南城门。由于守门的重兵刚才都冲向城中围堵义军去了，南城门这会非常空虚，刘邦等人才侥幸逃脱。刘邦随后清点人数，队伍损失了大半，班头郝松也不见了。

刘邦很后悔没弄清情况就去攻打城池。他本打算等打下几个大城池后，把队伍壮大一些再去投奔陈胜。现在自己被打得七零八落，有何面目再去投奔别人？一时他们成了流寇，白天漫无目地前进，夜晚靠打家劫舍来抢口饭吃。

随着刘邦与项梁、项羽的起义，在江淮一带的广大地区很快就出现了反秦起义的热潮。秦二世二年（前208年），刘邦大破秦军围攻丰邑的部队，十一月，刘邦引兵至薛，再次大败秦军。

秦二世三年正月，秦嘉、东阳宁君等率领陈胜起义军的一支部队，结集在留城附近，他们的势力较强大。刘邦就去投奔秦嘉，情况发生了巨大变化，刘邦与东阳宁君主动引兵迎战。初战于萧西，出师不利；再战于砀山以南，激战三日，一举夺下砀城，并收编了大批砀郡的士兵。不久，刘邦又攻克下邑。经过近三四个月的战斗与磨炼，刘邦的部队已经发展到万人左右。他自觉实力已经明显得到增强，于是再度下令攻击丰邑，但是这次又未攻下。适逢这时项梁、项羽率领的数万大军已经进驻薛城，成为当时反秦起义军中一支最强大的力量。刘邦一方面为了发展，北上至薛城，投靠了项梁、项羽大军。

斩杀县令，取而代之

陈胜、吴广起义爆发后，沛县县令几乎每夜都被噩梦惊醒，陈胜自立为楚王，燕、赵、齐、魏等地义军首领也皆自立为王，反秦的力量

如星火燎原，越烧越旺。沛县周围各郡县纷纷效仿，自发加入到反秦的队伍当中。沛县县令如坐针毡、思来想去觉得还是响应陈胜、吴广自保为上策。于是将县府中的萧何、曹参等人召集在一起，商量举兵反秦一事。萧、曹对县令说："您是秦朝的官吏，带头背叛朝廷，率领沛县子弟起兵，恐怕欠妥当。"因此，他们建议拥立当时已经颇有威名的刘邦为首领。县令在心中稍一盘算，便觉得这是个一举两得的好计谋，便一口应承了下来。

沛令听从了萧、曹二人之言，但又不知刘邦隐于何处，该叫何人去找？

曹参说道："城中有一人叫樊哙，是刘邦的连襟。刘邦事发后，不知他逃往何处？近几日，我见他回来了。樊哙一定知道刘邦藏在何地，可以让他去找。"

沛令听后大喜，命人找来樊哙。樊哙得到命令后，即刻动身，前往芒砀山中。

樊哙，沛县人。生得虎背熊腰，力大无比。因家境贫寒，专靠屠狗为业，吕公见他为人忠厚，便把小女吕媭嫁他为妻。为此，便与刘邦有连襟之亲。刘邦逃亡后，因怕株连，他也隐于芒砀山中。这次回家探听风声，恰巧被曹参碰见，于是促成了这趟差事。

樊哙到达山中后，见到刘邦，就向刘邦转达了县令的意图，同时也向刘邦捎去了萧何、曹参的口信。事发后，刘邦他们虽然到处逃窜，但并没忘了说服穷苦的老百姓参加队伍。所以，很多老百姓都知道他们的事情，有相当一部分人铁了心跟着他。这时刘邦在芒砀山所聚集的徒众已经有数百人了。在私下里，刘邦还与萧何、曹参等人建立了"热线"

联系，夏侯婴是他们的秘密联系人。萧何和曹参有官方渠道，对局势的了解比普通人多得多，他们经常让夏侯婴给刘邦传递重要消息。

刘邦在山中早已经听说陈胜在大泽乡起义，今天听到樊哙带来了县令和萧何、曹参的意图，心里十分高兴。再看着短短几个月，自己的追随者就从十几号人发展壮大成几百来号人，刘邦心潮澎湃，踌躇满志。他十几岁就出来混，就是不想过自己老爹过的那种日子，游荡了半生，一无所成，如今老天给他机会，他这个混混头也想做一次英雄。当即率领手下离开了山林，日夜兼程，赶至县城城门，与夏侯婴等人会合。

刘邦尚未到达沛县县城，县令就开始后悔了。他知道刘邦与萧何、曹参有着密切的关系，内心也深为各地义军杀死郡守、县令后的无数事实所惊恐，担心刘邦的部队入城后会发生变故，与萧、曹合谋杀死自己，然后再兴起义之事。另外，县令还接到机密消息，说局势即将得到有效控制，希望沛县加强戒备，严防暴徒逃窜。县令本来就是没有胆量之人，一说局势被控制，马上就决定取消前定计划，暗暗庆幸自己没有误入歧途。他命令封锁城门，叫人把守城头，又派人加紧搜捕萧何、曹参，欲将他们诛灭。

萧、曹早有防备，偷偷翻过城墙，与在外边苦苦等候的刘邦等人会面，把事情始末告诉了刘邦。

关键时刻，刘邦倒是显出将帅风范，他想了想说："沛县百姓都是我父老乡亲，一个县令是阻挡不住我进入沛县的。"接着叫人找来笔帛，提笔写道："天下苦秦久矣。今父老兄弟为县令守城，但各地诸侯并起，即将杀至沛县。今倘若与父老兄弟共诛县令，于青年中选择可立之首领，响应诸侯，则父老兄弟家室无恙。不然，父子徒遭杀戮。"刘邦肚子里那几滴墨水倒是派上了用场。他写完，抽出一箭，裹住玉帛，射到城头。城头上的人看了，顿时倒戈。城中奔走相告刘邦那几句话，众人听了，打开城门，迎接刘邦。

平日里，沛县父老也受够了县令的欺压，于是刘邦率领众人冲入衙门，几乎没有费吹灰之力就斩下县令首级。

县令既死，大家商议推举新的县令领导义军。推举刘邦的呼声最高，刘邦却推辞说："我何德何能，根本无力担此重任。沛县英雄豪杰无数，希望大家重新找个人来担此重任。"萧何和曹参原来是县中官吏，算是刘邦的上司，又有谋略，但是此时，萧何和曹参完全没有了潇洒劲，他们虽有谋略，但是缺少胆量，起义这种事，成功了最好，失败了作首领的就惹大麻烦了，殃及性命事小，满门抄斩事大。于是，二人一致推举天不怕地不怕的刘邦。父老乡亲们接着对刘邦说："我们早就听说过有关您的种种奇闻，您日后定能当显贵，况且我们已经占卜过了，没有人比您更为合适的。"

刘邦连忙谢绝道："千军易得，一将难求，如果选出来的将领不当，打起仗来就会一败涂地。我是不怕死，而是担心能力有限，不能保护各位父老。还是希望大家慎重。"萧何和曹参最了解刘邦，他俩觉得刘邦确实有做领袖的潜质，便死死拽住刘邦，怂恿众人道："还是刘邦最合适。"樊哙可是刘邦的忠实"粉丝"，他觉得这个首领非刘邦做不可，大嗓门一喊："就是刘哥了，刘哥最合适了……"众人听了，你望我，我望你，挑来选去，觉得刘邦是最佳人选，于是纷纷说："刘邦，你就当了吧。我们平时听说过你有那么多奇异的事情，想必该轮到你显贵了。"刘邦再三推让，只好接受大家的意见，做了县令，大家尊称他为沛公。

刘邦自第一次入关中，在咸阳看到秦始皇帝车驾出游之后，便开始做起皇帝梦。沛县父老推荐他做沛公，他喜在心里，但表面上却再三推让。刘邦深知在场的人谁也不敢做首领，大家都不想承担太多风险，他的再三推让，是为了表明他带头起义并不是出于私心，也不是为了封侯称王，而是在家乡父老的再三推举之下，不得已而为之，目的是救沛县百姓于水火之中；同时也是为了起义后有效地管束手下，既然是众人的推举，众人就应当服从他的管束和指挥。

在沛县县衙的大堂之中，刘邦带领沛县子弟们祭祀黄帝与蚩尤，这是因为黄帝是传说中上古的五帝之首，是中原各族共同的祖先；而蚩尤作为南方部族的首领，首创了各种兵器，又英勇善战。可见，刘邦起义之前祭祀黄帝与蚩尤，为的是求得神灵的保佑，保佑他起义后战无不胜，攻无不克。刘邦祭祀后，又用牲畜的血涂在战旗和战鼓之上。秦朝的军旗及崇拜的颜色为黑色，刘邦为取而代之，就下令起义军的军旗一律为红色。刘邦对起义有功的萧何、曹参、周勃、樊哙、夏侯婴等人一一做了任命，还给平时追随自己的小兄弟们分派了官职。随后又命萧何、曹参、樊哙等人在沛县周边招兵买马，没有几天的工夫，他们募集了两三千人马。这是刘邦第一支像模像样的队伍，从此他们连同这支队伍汇入了秦末浩浩荡荡的农民大起义的洪流之中。

刘邦为什么自称"沛公"而不称"沛令"？这是因为刘邦本出生于故楚的沛县，原为楚人，且在楚国生活了二十多年。楚的国君称王，其县令则是称"公"的。秦国既亡楚国，楚人亦欲亡秦起义后，又号为"张楚"，自立为楚王。所以，刘邦称之为"公"，不仅是对秦的"县令"制度的蔑视与摒弃，也是响应陈胜，遵从"民意"，走反秦起义道路的一个突出表现。唐朝颜师古引孟康的话解释："陈涉为楚王，沛公起应涉，故从楚制，称曰公。"说的就是这个意思。刘邦从开始起事，就明确提出了反秦的斗争目标，并将自己的部队视为陈胜起义军的组成部分，是对其反秦起义的响应。至于旗帜皆赤，除了为附会所谓"赤帝子杀白帝子"的传说，借以神化自己之外，也是对秦国的"衣服旄旗皆上黑"的一种否定。所以，刘邦称"沛公"，"旗帜皆赤"，实际上是他反秦起义的标志，是他从一名草莽英雄到农民起义领袖在气质上与政治上的一次升华与超越。

沛县县令最初打算另立旗帜，与萧何、曹参共商反秦大业，不失为明智之举，但是言而无信、出尔反尔，引起公愤。刘邦在危急时刻，没有知难而退，而是直接诉求有声望的父老，依靠他们的力量，除掉县令，避免了更大范围的流血斗争，其胆识和智慧确有过人之处。沛县起义，荣升沛公，这是刘邦为缔造大汉王朝进行的艰苦卓绝奋斗的光辉起点。

张良献策，解救危机

刘邦刚当上沛公不久，就传来了母亲去世的消息。平日里，刘邦的母亲对刘邦疼爱有加，这突如其来的消息对刘邦来说无疑是一个晴天霹雳。接二连三的又传来了陈胜兵败被杀的消息，在刘邦的心里，他对第一个举大旗拉大皮的陈胜很敬佩，本来想着等自己办完丧事守完孝就举兵追随陈胜干大事业去，可天公却不作美。

这时，秦朝的大军已向刘邦开来。泗水的郡守亲率秦军来围剿他，也容不得刘邦再多想。此时陈胜的义军差不多都被章邯给灭完了。面对气势汹汹的秦军，刘邦知道此时如果还不反击，只怕永远都没有反击的机会了。

刘邦的部队初生牛犊不怕虎，英勇善战，杀得秦兵人仰马翻，抱头鼠窜。

曹参家族世代为吏，竟也同屠夫樊哙一般，挥舞着大刀，见到秦军就砍，一点也不犯怵。屠夫樊哙更不用说，砍砍杀杀是他的看家本领。吹鼓手周勃浑身憋着憨劲，回马一枪，秦兵应声而倒。主帅刘邦双腿紧紧夹住马腹，手中挥舞利剑，任意驰骋，犹如乌云中的闪电。激战半日，秦军损失大半，夏侯婴和萧何没有上阵杀敌，却不停地发出檄文，令秦军斗志全无。泗水郡监知道大势已去，带着散兵游勇狼狈而逃。

保卫战取得空前胜利，刘邦的部队欢欣鼓舞，大嚷好不过瘾。刘邦想，气可鼓不可泄，与萧何等人商量了一番，决定再接再厉，巩固刚刚取得的胜利，站稳脚跟，与诸侯分割天下。

十一月，刘邦命令雍齿守卫丰邑，自己则亲自率领部队攻打薛县。刘邦的部队在薛县战斗中表现得更加勇猛，气势如虹。泗水郡监丢甲弃城，逃到戚县。起义军不依不饶，乘胜追击，追到戚县，再战，结果泗水郡监被曹无伤抓获并斩杀。

刘邦在前线打得正欢的时候，没想到被人悄悄挖了"墙脚"。留守在丰邑的守将雍齿不失时机地在他背后放了一把火，差点让刘邦葬身于火海之中。

楚王陈胜派魏国人周市率兵向东攻城略地，收复以前魏国失地。周市先是瞄准了方与，但刘邦很快回到方与。周市计划落空，又瞄准丰邑。周市派了一个使者到丰邑，对守将雍齿说："丰邑原本就是魏国的土地。现在魏国收复了几十座城池，你如果归降魏国，魏国就封你为侯，驻守丰邑。"刘邦做亭长时就与雍齿相熟，雍齿非常看不惯刘邦，而且当年刘邦和雍齿还争过寡妇王蕴，最终以刘邦的胜利而告终。刘邦起兵，雍齿也是勉勉强强投靠刘邦的。听了使者的劝说，立刻反叛刘邦，归降魏国，为魏国守卫丰邑。

刘邦在方与得知消息，不由得怒火中烧。他生平最厌恶违背忠义的小人，对雍齿的变节行为恨彻心骨。更重要的是，丰邑是自己生长的地方，从自己出生的那天起，它就属于楚国，刘邦不忍丰邑被分割出去。刘邦亲自挂帅，调兵遣将，火速赶赴丰邑，欲与雍齿决一死战，把他千刀万剐，油炸火烹。然而，丰邑城池固若金汤，易守难攻，激战数日，战果甚微，而将士却损失了不少。刘邦也气得生了病，不得不退兵回到沛县县城。这时刘邦遇到了改变自己一生的重要人物——张良。

秦二世二年（公元前208年）一月，张良见天下已乱，遂集结下邳子弟百十人，决定投靠明主。正好农民军领袖景驹自立为楚王，屯兵留县，张良率众人前去投奔，途中遇到自己一生中最重要的人物——刘邦。

张良与刘邦偶遇，一结识就彼此欣赏，大有相见恨晚之意。这时的刘邦遇到起兵以来的第一次失败，而且还是败在自己同乡手上，又急又恨。张良就问刘邦："沛公想什么时候夺回丰邑？"刘邦叹气说：

"恨不得马上就杀了雍齿，夺回丰邑。"张良说："如果要夺下丰邑，必须借一些精兵良将。"刘邦有些迷惑不解："难道我的八九千人马还少？"张良道："城池之固，要是硬拼，损失肯定不小。我有一条妙计，不知道您想不想用？"刘邦一下子精神百倍，立即说："只要拿下丰邑就成。"张良说："其实我这个也不算什么妙计，很多人都用过，那就是借兵。不过，我所说的借兵，不是用来打，而是用来围，直围到雍齿粮草皆绝，他自然拱手让出此城。"刘邦恍然大悟："对啊，将丰邑城围得里三层外三层，看他怎么办？但是向谁借兵好呢？"萧何立即提醒刘邦，项梁大军就驻扎在薛县，项梁是项燕后人，威名远扬。刘邦意识到，单打独斗并不是明智之举，依靠项梁这棵大树，可以壮大自己的实力，张良的计谋真的是好！

　　事不宜迟，次日，刘邦腰也不酸了，背也不疼了，带领一百多随从，精精神神地来到薛县。他先把随从安排在项梁军营外，一个人大大方方地来见项梁，他心里想着，自己来借兵，又不是乞讨，自然不必战战兢兢，所以项梁一见他就觉得他有一种坦然的气质，很是欣赏。刘邦见到项梁，单刀直入地说："我倾慕将军很久了，愿意归附将军麾下，听凭调遣。现在我家乡被叛徒雍齿占据，我攻城不下，想向您借五千精兵……"项梁见沛公英姿飒爽，一谈话又言语相投，格外相敬。再加上项梁队伍正值壮大之际，听刘邦前来归附，心中十分高兴，当下就说："好，我借给你五千精兵，助你攻下丰邑。"刘邦几乎没有费什么口舌，就轻轻松松地借了五千精兵。

　　刘邦借兵回来，按张良之计，立即调动大量人马，将丰邑城围得密密麻麻，水泄不通。这一战对于刘邦来说打得十分轻松，甚至称不上打，粮草充足，稳稳守着就行了，正好兵士征战多日，也好歇几天。刘邦有张良等人在身边，胜券在握。刘邦感慨地说："想当年，咱们在沛县每日喝酒交游，生活悠闲得不得了，自从起兵以后，好久没有这么悠闲的时候了。"萧何笑着说："这可全倚仗张良的良策……"

雍齿守在丰邑城中，第一次轻易击退刘邦的进攻，还有点沾沾自喜，听说刘邦借来精兵，他就做好一战的准备，奇怪的是刘邦只是驻扎在城外，按兵不动。雍齿纳闷了几天，终于搞明白了刘邦的计划。丰邑小城粮草本来就不多，如今被刘邦团团围住，根本没有办法与外界沟通，没几天他就熬不住了。雍齿知道刘邦非常恨自己，这样耗到最后，肯定会死在刘邦的刀下。雍齿前思后想了几天，终于决定投降，便派出使者出城见刘邦，向刘邦表示：只要不杀头，愿意献出城池。刘邦急着重新夺回丰邑，而且觉得雍齿是同乡，雍齿的队伍中也有好多自己的兵卒，就对使者说："先免雍齿一死，但必须将功赎罪。"就这样，刘邦借来的这五千精兵，没动刀枪，就轻而易举拿下了丰邑。

另外，刘邦借兵，还借出一段缘分。刘邦兴冲冲来项军还兵的时候，遇到了项羽。此时的刘邦已经近四十岁，项羽不过二十五岁，刘邦虽然经常被人夸奖长得英俊，但是到底已经步入中年，而项羽正是年少力强之时，站在面前，那一股气势谁也阻挡不了。

也许刘邦到死也不会承认：他面对项羽时是自卑的。刘邦心想，为什么项羽就那么命好呢？生在贵族之家，肯定从小锦衣玉食；祖父是一代名将，生下来就被人另眼相看；天生神力，这么年轻就能在这乱世崭露头角。想想自己二十五岁的时候，不过是东街西巷混酒喝呢。

刘邦对项羽生赞赏之心，项羽平时不苟言笑，年纪又轻，见刘邦谈

谋胜群雄

汉朝开国奇谋

笑风生，也没有恶感。这次会面以后，刘邦就和项羽结成了战争伙伴，刘邦不时地把自己拿出来跟项羽比较，希望能找出超过项羽的一点，在以后大大小小的战役中，刘邦也没有改掉这个习惯。

雍齿的背叛对初出茅庐的刘邦来说是一次沉重的打击，但也是难得的人生考验。刘邦在众叛亲离、孤立无援之际，借兵项梁，终于夺回了自己的根据地。塞翁失马，焉知非福，雍齿背叛客观上给刘邦带来了好处：其一，得谋士张良；其二，军事实力大增，刘邦的嫡系部队在困境中成长起来；其三：在政治上崭露头角，在张良的指导下向当时风头最劲的项氏集团靠拢，成为反秦队伍中的一员主要将领。

第二章 适时而动，善抓机遇

第三章
广揽奇才，知人善用

从古至今，那些成功的人士，无一不是朋友遍天下。在所有成功的条件中，朋友是其中最关键的一个条件。俗话说："多一个朋友多条路，多一个敌人多堵墙。"朋友就像黑暗中的一缕光芒，照亮了刘邦的前程和人生。

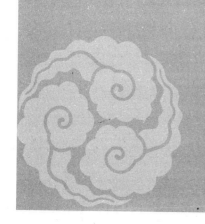

交结萧何，巧得良相

青少年时期的刘邦天性爱好自由，不喜欢读书种地。作为一个农民的儿子，他从来没有想过从事农桑，也没有想过自己做游侠吃什么喝什么。

一年又一年，刘邦成了半大小伙子。游手好闲、浪荡成性的习气却一点也不曾改变。并且还结交了一群和他一样，不喜欢干力气活，就爱舞枪弄棒的小青年。

时间一久，即使自己的父母不说什么，哥嫂也会嫌弃的。

一天，刘邦睡到日上三竿，隐隐约约听到大哥和大嫂在窗外说话，只听大嫂抱怨说："他一天到晚没干过活，就知道吃闲饭，让我们养他一辈子呀……""唉，你少说几句，等给他成个家就好了。""要不就分家过吧，他一个人连累全家过不上好日子……"

刘邦一听哥嫂嫌弃自己，心里十分郁闷，一翻身起来，穿上衣服就往外走。刘老爹看到了在后面喊着说："又出去闲逛，家里的地都荒了……"这几句话说得刘邦更气，他头也不回大踏步走出去，边走边想："我刘季是什么人，才不会做那种土里刨食的事呢。"迎面碰到一个小青年，问他道："刘哥去哪里呀？""去河边钓鱼，换酒喝！"这话还真有号召力，小青年马上跟着他走。刘邦走了一路，东招呼西招呼，不一会儿，就凑了一大群人，浩浩荡荡。

路上的行人看到他们都躲着走，有叹气的，有摇头的，有指指点点的。正好碰到一位大娘领着孙子在街上走，大娘看到刘邦等人，慌忙拉着孙子往旁边躲，然后对自己的孙子说："好孩子，咱可要好好读书，千万不能像刘三一样做个地痞，连媳妇都娶不上……"这话不巧正好被刘邦听到。刘邦心想："我原来觉得会成为行侠仗义的侠士，没想到乡亲们人人厌烦我，连家里人也想把我分家分出去，这也太失败了。"一时间，兴味索然，也不去钓鱼了，拐进小巷，找了一个墙角旮旯蹲下来。

众位兄弟看到刘邦垂头丧气，七口八舌地问。刘邦说："你们为什么都跟着我叫我大哥呢？"大家异口同声地说："跟着大哥做大事呀！"刘邦叹口气说："我本来打算和兄弟们聚在一起，行侠仗义，除暴安良，没想到现在人家见了咱们都个个皱眉，恨不得躲得远远的，这将来还能成什么大事呀？"一个小兄弟说："是呀，刘哥，我现在在街面上混，外人见了烦，到家也遭白眼，真不好受。"刘邦想了想说："兄弟们，我觉得咱们可以做的正事挺多，街面上的恶霸、欺负百姓的小官……咱们应该惩罚惩罚，让乡亲们也对咱们另眼相看。"众兄弟拍手称快，刘邦心里高兴，就找到附近的小酒馆请大家喝酒。

这次终于找到行侠仗义的机会了。原来小酒馆有四五个人，大吃大喝一顿，硬是不给钱，正好撞在刘邦的枪口上，刘邦就下令自己的兄弟教训他们一番。刘邦一伙人数上占优势，加上刚刚决心除暴安良，士气高涨，抄起酒馆的板凳做武器，打得那一帮血流满面。酒馆老板拉也拉不开，本来酒钱没几个，一场架把店里器什砸得稀巴烂，老板对刘邦他们哭笑不得，但是感谢刘邦为自己抱不平，后来刘邦偶尔喝酒不带钱或钱不够也就算了。

没几天，那帮喝酒不给钱的小流氓有一个暴死了，就说是被刘邦等人伤了内脏，不治而亡，刘邦被县衙拘起来。县令当堂审理，说刘邦一是拉帮结伙、图谋不轨，二是聚众斗殴、打人致死，首犯应该处斩……一说处斩，刘邦彻底傻眼了，没想到自己第一次打抱不平就出了这事，难道小命就这样完了？

这时，站在旁边的一个白面书生说话了："老爷，这个案子事出有因，我看不宜急着判决。几个小青年一起喝酒，也称不上图谋不轨，再加上刘邦等人的做法也算见义勇为……"县令听了觉得有道理，就说再仔细调查一番。这个白面书生就是管理文书的小吏萧何。

萧何，丰邑人，自幼饱读诗书。出生于地主之家，在沛县衙门做吏掾（官职相当于现在的司法兼警察科长）。因办事公正，为人正直，深受沛县人的称赞。

萧何当时并不认识刘邦，但是见刘邦生得相貌不俗，而且见义勇为，对刘邦有好感。萧何是一个热心肠的人，而且为人正直仁慈，看到刘邦枉死于心不忍，就替这年轻人说话。

后来此事经过一番调查，查出暴死的人本来就有病。向刘邦从小玩到大的好朋友卢绾出了一笔钱，萧何又从中周旋，终于平息了这场风波。

刘邦无比感激萧何，此后，刘邦慢慢打听到萧何的为人和其在沛县的口碑，对萧何那叫一个佩服。这时刘邦就想结交萧何：想自己整天和一些素质不高的人混在一起，还干点偷鸡摸狗的事情，自然惹得乡亲看不起。萧何这样的人世间少有，我一定要结交萧何这样的人。

从此以后，刘邦时时想着怎样才能和萧何成为朋友，想得头都大了。一日去看樊哙杀狗，聊天时说起这件事，樊哙出主意："送礼怎么样？送点礼不就行了。"刘邦笑着说："你啊，我是想交他这个朋友，又不是想求他办事。萧何那样的人，一看就知道不爱钱财。"此事就沉甸甸地压在刘邦的心上。

这一天，樊哙突然急匆匆跑来，嘴里嚷着："大哥，我这有个好东西给你。"刘邦和樊哙的交情很深，樊哙有什么好吃的好玩的都会先找刘邦共享，这次又不知是什么。刘邦问："又让我吃狗肉？"樊哙急匆匆地说："我杀狗时得了一块狗宝，这种东西是千年不遇的药材呀！"刘邦懒懒地说："我刘季身体还硬朗着呢，哪用得着那东西？"樊哙说："那我们就卖了，据说值不少钱呢。"刘邦脑中突然灵光一闪，想到了结交萧何的办法。

这日，萧何正在写公文，县令过来说："萧何呀，我有件事要麻烦你。"萧何赶紧说："给大人做事是我的职责，怎么能说麻烦呢？大人言重了。"县令说："这是一件私事，想了想只有你细心谨慎，办事稳妥，所以才找你去办。"原来县令父亲得了怪病，医生说，没有好的法子，只有找来一种叫"狗宝"的药才能医治。"狗宝"可是药中之宝，可遇不可求，有钱也不一定能买得到。县令找不到，就把这件事托付给萧何。

萧何知道这是一个苦差事。沛县虽然狗多，但是，不一定有狗宝呀，也不能只只杀了找这种药材吧，只能慢慢寻访，看看谁家无意中得到这东西收藏着。县令交代了这事，不办是不行的。萧何回到家后，匆匆吃了口饭就直奔药材铺……

几天下来，萧何一无所获。恰好在街上碰到刘邦。刘邦问："衙门公务不忙吗？你怎么有时间出来逛呀？"萧何就把自己这差事告诉给刘邦了。刘邦拍拍胸脯说："你回去忙自己的事情吧，这事我来办，等我一找到，马上给你送去。"萧何知道刘邦在沛县认识的人很多，三教九流都有，说不准就能找到呢。萧何千恩万谢，回家了。

刘邦压根就不用找，狗宝早就准备好了。

这县令为什么恰恰要找狗宝呢？这是刘邦为了结交萧何耍的一点小手腕。他本来想送狗宝给萧何，正好偶遇沛县的一个郎中，知道他要前去县令家给县令大人的父亲看病，就拜托郎中在县令面前提起狗宝，本来狗宝就对症，郎中欣然答应，于是就有了后面的故事。

刘邦把狗宝交给萧何，萧何漂亮地完成任务，从此对刘邦另眼相看。而县太爷也对萧何更加器重，还提拔了萧何。萧何是心思缜密之人，善于观察别人。他发现刘邦虽然油嘴滑舌，但是正直善良，不拘小节，是可交的朋友。以后，随着交往慢慢深入，两人成为莫逆之交，萧何多次帮助刘邦。刘邦后来通过萧何认识了同样在县城供职的曹参，曹参、萧何后来推荐刘邦做了泗水亭长。虽然只是芝麻绿豆大的官，但也是刘邦第一份正式的职业，为他起兵创造了契机。

刘邦亡逃山林期间，萧何曾力劝沛县县令把刘邦招来，共谋反秦大计，为刘邦日后的伟业打下了坚实的基础。

刘邦起兵后，萧何一直是刘邦最重要的谋士。

刘邦破关进入咸阳时，萧何一不贪恋金银财物，二不迷恋美女，急如星火地派士兵迅速包围丞相御史府，不准任何人出入。然后让忠实可靠的人将秦朝有关国家户籍、地形、法令等图书档案一一进行清查，分门别类，登记造册，统统收藏起来。这些秦朝的律令图书档案，使刘邦对天下的关塞险要、户口多寡、强弱形势、风俗民情等了如指掌，为制定正确的方针政策和律令制度找到了可靠的根据，对日后西汉政权的建立和巩固起到了巨大的作用，足见萧何的深谋远虑。

项羽因连年战争，陷入了兵尽粮绝的困境；而刘邦的部队，因萧何坐镇关中，不断地向前方输送粮食和兵力，形成了兵强粮多的好形势。后来，刘邦终于逼项羽兵败垓下，自刎乌江。

可以说，楚汉之争中，萧何就是刘邦的得力助手。项羽为什么会输，就要问一问他为什么没有萧何这样的左右手？

当楚汉之争真正成为历史，后人不免对那段历史中的人和事进行一番评说。有人说项羽虽然失败也是英雄，也有人说刘邦靠无赖做了皇帝，但是没有人否认刘邦身边的谋士是他最终胜利的决定性因素，一个"无赖"怎么吸引了这么多人才？刘邦仰慕谁，看准谁，就会用一切办法把他笼络在自己身边，这也许就是性格使然。费点小心思，就得到了一代良相，刘邦真是赚大了。

得张良者，得天下也

楚汉战争结束后，刘邦就肯定了张良的历史功绩。汉定天下后，

作为胜利者的君臣在探讨成败得失时，刘邦有一段非常精彩的演讲为后世津津乐道："夫运筹帷幄之中，决胜于千里之外，吾不如子房。镇国家，抚百姓，给馈饷，不绝粮道，吾不如萧何。连百万之军，战必胜，攻必取，吾不如韩信。此三者，皆人杰也，吾能用之，此吾所以取天下也。"这一段精彩的历史表白，把张良、萧何、韩信的功劳放在首位。张良作为"帝王师"，总是在最关键的时刻给刘邦出谋划策，而且没有一丝失误，被刘邦推崇为"兴汉三杰"之首。

张良，字子房，祖系韩人，祖父开地，父亲名平，皆为韩相，事朝五君。

张良的祖父张开地作为宰相为三代韩王效力。张良的父亲张平最先是韩慧王的名臣，韩慧王去世后，公子韩安继位做了国君。张平依然尽力辅助国君。但韩安却是一个扶不起的阿斗，张平最终为抗秦鞠躬尽瘁死而后已（最终劳累过度而死）。

张平死后，公元前230年，韩也随之灭亡。

国破家亡，从此，张良这个只有十几岁的少年开始隐姓埋名，他白天读书，晚上练剑，期待能报仇雪恨。青年时代的张良是个血性男儿，怀着这种报国复韩的雄心，经过他不懈的努力，终于觅得一力士。这名力士和张良一样，也是反秦人士。因此，这名力士连考虑都没有考虑，就直接对张良说道："这个忙我帮定了！"此人力大无比，秘密打造了一铁锤，日夜操练，准备见机刺杀秦始皇。

公元前223年，秦始皇第二次东巡行至博浪沙（今河南原阳县境内），力士、张良二人早已潜伏路旁树丛中，见銮驾到来，力士遂将铁锤掷出，不幸打中副车。见一击不中，力士迈开大步逃得无影无踪，张

汉中古汉台

良也只得藏身山野，更名改姓隐居下来。

从锤击秦始皇失败到秦末农民起义爆发，这近十年期间，张良隐居在下邳一带，并不是无所作为的。传说张良在此期间巧遇了一位老者，这位老者就是黄石公，亦称"圯上老人"。老者送给张良一本书，说："你读通了这本书，就能做帝王的老师。十年之后，就会成就一番事业。十三年后，再回到济北时，谷城山下一块黄色的石头，那就是我。"老人说完，就隐没在夜色中。这个老人，后来被称为"黄石公"。

张良所得之书，就是《太公兵法》。经过十年的苦读，张良终于学有所成。

陈胜、吴广在大泽乡揭竿而起，举兵反秦后，各地反秦武装风起云涌。等待了许多年的张良终于忍不住了，他凭借自己的人脉，聚集了一百多人，扯起了反秦的大旗，准备投到景驹帐下。

话说这是张良和刘邦的第一次相遇。当时张良自报家门以后，刘邦心想："这难道就是当年谋杀秦始皇失败的侠士？"一下子拉近了两者的距离，刘邦坦率地说自己当年非常崇拜张良的英雄气概，并问起张良这些年在哪里躲避秦兵的。两人畅谈，大有相见恨晚的感觉。刘邦就留下张良相聚几日，张良利用闲暇时候给刘邦讲一些《太公兵法》，刘邦听了由衷地称赞："子房先生，您遇到的可是一位神人。"张良有些纳闷，因为他曾和很多朋友研读这本兵书，但是几乎没有人能体会其中的妙处，而刘邦却大加赞赏，于是就问："将军认为这书好在哪里？"刘邦就把自己的领悟一一说出来，果然不差。张良十分惊喜，心想："这刘邦可是天生的奇才呀。"

几天过去，张良也到要起程的时候了，但这个时候他犹豫了起来。景驹是什么样的人，张良还真的不清楚，但是张良认准刘邦是一个天资很高而且心胸宽广的人，作为士人，深通韬略固然重要，但施展谋略的前提是要有善于纳谏的明主。想到这一点，张良就果断地改变了主意，决定跟从刘邦。张良找到刘邦说："将军要是不嫌弃，我想追随将军。"刘邦听后大喜，张良是什么人呀？十年前就已经闻名天下了，不做自己的谋士，就算做个朋友，也是我刘邦的大幸。接着张良献计，刘邦借兵项梁，很快夺回被雍齿占据的丰邑。从此，张良深受刘邦的器重和信赖，他的聪明才智也有机会得以充分地发挥。

但是张良还有一桩心事没有了却，那就是帮助韩国复国。

张良就把自己的心事说给刘邦，刘邦很理解张良的心情。后来项梁立楚怀王之孙熊心为王，集各路义军首领于薛城共商大事，刘邦带张良前去参加，还提醒张良可以请求项梁帮助复兴韩国。

项梁对张良素有耳闻，而且张良和项梁又都同出身于贵族，心中纳闷为什么张良会甘心辅佐刘邦，而不归附项氏军团。于是找张良单独谈话，张良趁机向项梁提议道："君既已立楚王后人，而韩王诸公子中的横阳君成最贤，可立为王，借以多树党羽。"早在下邳之际，张良与项家之间便有旧谊，还救过项伯一命，此时项梁想拉拢张良，自然一口应承。

于是，项梁立成为韩王，并任命张良为司徒，辅佐韩王。张良"复韩"的目的终于达到了，"复家"的政治夙愿也得以实现，于是张良向刘邦告别，要帮助韩国收服失地。刘邦心里很不舍，但是人各有志，他只是说："你什么时候回来，我都把你视为知己。"

这是张良第一次离开刘邦。此后张良竭尽全力扶持韩王成，挥师收复韩地，游兵于颍川附近，时而攻取数城，时而又被秦兵夺回，迟迟未能开创大局面。而刘邦呢，归附项梁，与项羽分兵攻秦。

秦二世三年（前207年）七月，刘邦率兵攻占颍川，韩王成的部队与刘邦会合了。刘邦请韩王留守阳翟，请求张良随军南下，张良欣然前往。有了张良，刘邦有如神助，顺利取宛阳、破武关，攻占咸阳。

第二年正月，项羽自立为西楚霸王，分封了十八位诸侯王。他违背先前约定，把刘邦分封到偏僻荒凉的巴蜀，称为汉王。

天下分封已定，张良打算离开刘邦回韩国辅佐韩王成。刘邦赐金百镒，珠二斗。而张良把金、珠悉数转赠给项伯，请他再为汉王请求加封汉中地区。项伯见利忘义，立即前去说服项羽。这样，刘邦就占据了秦岭以南巴、蜀、汉中三郡之地。

同年七月，张良送刘邦到褒中（今陕西褒城）。此处群山环抱，沿途都是悬崖峭壁，只有栈道凌空高架，别无他途。张良观察地势，建议刘邦待汉军过后，全部烧毁入蜀的栈道，表示无东顾之意，以消除项羽的猜忌，同时也可防备他人的袭击。这样，就可以乘机养精蓄锐，等待时机，再展宏图。

刘邦到汉中，得大将韩信，平定三秦。项羽闻讯，怒不可遏，决定率兵反击。张良再一次帮助刘邦，寄书蒙蔽项羽，为刘邦说情并把齐王田荣谋叛之事转告项羽。项羽果然中计，竟然无意西顾。张良把项羽的注意力引向东方，从而放松了对关中的防范，为刘邦赢得了宝贵的休养生息的时间。

张良一次次帮助刘邦，让项羽心里很不舒服。项羽心想："刘邦没有一点比我强，张良是韩国贵族，为什么就甘愿跟着那个土包子呢？"项羽一向自视甚高，但对张良是看得起的，而张良就是不买他的账。项羽被这种想法困扰很久，越来越觉得韩王成不顺眼。当年项梁立韩王，自己分封韩王，大部分是看着张良的面子，但是韩王成没有意识到这一点，经常说一些糊涂话。项羽觉得张良不能为自己出力，留着韩王成也没有什么用处了。

西楚霸王杀人成习惯了，也不用给自己找什么理由，就下令："把韩王成给我抓了，杀了算了，没有什么功劳，还以为自己多了不起呢。"韩王成被杀，张良一点思想准备也没有，他想自己要是思考周到一些，起码可以挽救韩王成一命。张良陷入深深自责中，彻底从"复韩"的幻梦中醒过来。

事不宜迟，张良迅速逃出彭城，躲过楚军的追查，回到刘邦的身边。张良一见刘邦如同见到亲人，刘邦也得到韩王成被杀的噩耗，十分理解张良的心情，但是什么也没有说，叫人好好安排张良食宿。不久，刘邦就封张良为成信侯，张良此后便朝夕伴随刘邦左右，成为汉军最重要的策划之臣。项羽鲁莽地杀掉韩王，给汉军一个好军师，客观上帮了刘邦的大忙。

张良结识刘邦之时，刘邦实力弱小，朝不保夕，项羽却是起义军公认的领袖，两者对比，优劣非常明显。张良和项羽有故旧，并同为贵族后裔，但是张良却选择了不起眼的刘邦，这就相当于不走阳关道，选择了独木桥。难道他那时就能看到楚汉之争的结局吗？怪不得后人称他为千古谋圣。

刘邦的风度气质，深深吸引了张良，但是最让张良看重的，还是刘邦的宽广胸襟。张良为了复兴韩国，曾两次主动离开刘邦：一次在他们投奔项梁之前，张良离开刘邦协助韩王成攻城略地；另一次发生在项羽分封诸侯之后，张良跟随韩王成东去。刘邦不但不因此心生罅隙，反而对张良的行为表示理解和支持。当张良经历种种挫折，再次回到刘邦身边时，刘邦依旧信任如故，视为心腹。这种胸襟让张良折服，张良一生都对刘邦忠心耿耿。君臣二人惺惺相惜，相得益彰。

项羽可以看上的人不多，让他感兴趣的张良却始终钟情刘邦，张良的选择决定了自己的命运，也决定了项羽与刘邦的命运。张良虽然只是一个文弱之士，不曾挥戈迎战，却以谋略著称。他一生反秦扶汉，功不可没；筹划大事，事毕竟成。历来史家，无不称赞他那深邃的才智，极力称赞他那神妙的权谋，肯定其一生有助于灭秦建汉的历史进程。张良所提策略都为刘邦所采纳：不立六国后代；联合英布、彭越，重用韩信；追击项羽，歼灭楚军；汉朝建立，力劝刘邦封雍齿，释疑群臣……可以说，没有张良，可能就没有后来的汉王朝，刘邦得到张良才得到天下。

月下追信，成就伟业

韩信的童年应该说是非常幸福的，有一个熟懂兵法的父亲，还有一个温柔的母亲。但不幸的是，九岁那样，韩信的父亲与世长辞，留下韩信和他母亲相依为命。但是上天好像要和他开玩笑死的，在他十岁那样，又夺走了他母亲的性命，这下韩信的天彻底塌了。

母亲去世后不久，他就成为了流浪汉，经常到别人家里蹭饭吃。开始他寄宿在淮阴一个当亭长的朋友家，日子一长，亭长一家对他非常不满并设计把他撵走了。韩信为了充饥到淮阴城外的河边钓鱼，结果还是食不果腹。一位在河边洗衣服的老大娘看此情景，十分可怜韩信，就把自己的干粮分了一半给他。以后数十天，天天管他吃饭。韩信非常感动，对老大娘说："您对我这么好，我以后一定报答您！"老大娘听后极其生气："男子汉大丈夫，连自己的肚子都填不饱，我还指望你日后报答我吗？"韩信羞愧极了，暗下决心，日后一定要有所作为。

韩信不光生活穷困潦倒，还经常遭别人的白眼和欺负。有一次，淮阴城里一帮游手好闲的无赖拿他取乐，逼他从一人的胯下爬过。韩信心想好汉不吃眼前亏，于是屈身从这个无赖的胯下爬过。这一看似软弱无能的举动却彰显了韩信善于分析形势的超群智慧，这都得益于他从小喜好习武、钻研兵法、懂得审时度势。

母亲去世后，他专门为她找了一个开阔得可以住一万户人家的墓地，告诉别人他韩信总有一天会被封为"万户侯"，当然这样的话又招致别人的嘲笑和不屑。

但韩信是个有梦想、有才华的青年，虽然从小家境贫寒，却梦想着有朝一日能成为国家的一代良相，为明主效力。在他三岁的时候，就显示出了与众不同的一面，非常喜欢读兵法和剑术，到六七岁的时候，兵法和剑术都学得有模有样了。

父母的相继离开，无疑对于幼小的他来说是天大的打击，但他并没有为此消沉。

陈胜、吴广起义后，项梁也渡过淮河北上，韩信此时带着宝剑和自己的梦想投奔了项梁，韩信还没有来得及展示才华呢，项梁就战死了。就这样，韩信又归属项羽，项羽让他做郎中，职责就是没日没夜地为项羽站岗。在这期间，韩信多次给项羽献计，项羽均不予采纳。

慢慢地，韩信就发现，项羽除了自己以外，不认为别人有文韬武略的。韩信每次趁机献计时，项羽总是用轻蔑的眼神瞟他一眼，然后漫不经心地说："我会好好想一想的，你先下去吧。"这种轻蔑的眼神让韩信非常不舒服。项羽决定在新安坑杀二十万秦军时，韩信在门外听得寒而栗，这样做真的就大错特错了！等范增等人离开，韩信顾不得那么多，就进去要向项羽进谏，项羽还是那样漫不经心地问："什么事？"韩信说："将军，这是二十万人命呀，如果您这样做，会失去民心的。"项羽说："没想到你也挺关心军中大事的，但是这行军打仗的事你根本不懂……"韩信还要说什么，项羽就挥挥手说："你就做好你的事就行了。"韩信失落地退下。

坑杀二十万秦军的行动终于执行了，第二日，当看到埋葬秦兵尸骨的那个小山包时，韩信无数次地自问："项羽会是统一天下的那个人吗？我跟着他到底有什么出路？"

韩信的雄心化为失落和迷惘，他还做着一个小小的守卫，只是在蹉跎岁月，项羽的胜与败已经难以引起他的关注了。

没有悬念，项羽终于进入咸阳，成为西楚霸王。天下已定，接下来就要分封诸侯了。楚军进入咸阳，开始了狂欢。韩信想："天下要平定了，还有我用武之地吗？"怀着这样的想法，他漫步在被楚军占领的咸阳。咸阳街头，满目萧条，北风呼啸而过，像人哽咽的哭声。这与韩信心目中的胜利相差太远了，诛暴秦是千万黎民的心愿，为什么咸阳城看起来没有一点喜悦的气息，相反，充满了悲凉。韩信陷入了深深的思索之中。

这时，楚军的骑兵飞速穿过街道，冲散了街道上的百姓，人马通过，街道上一片狼藉。韩信自言自语："楚王带的可都是骄横之兵呀。"街边有个来不及躲闪摔在地上的小女孩在哭泣，衣衫褴褛，蓬头垢面，韩信顿起怜悯之心，就过去扶她起来，说："早点回家吧，街上挺乱的。"女孩一听，哭声更大了，然后说："家里一个人也没有了……"原来，女孩的两个哥哥都参军了，杳无音信，后来听说被项羽坑杀了，她的爹娘伤心绝望，最后病死了。小女孩问："项羽真的把我的哥哥都活埋了吗？"韩信叹了一口气，没有回答。小女孩又说："前一段时间，刘邦在咸阳时，我们过了几天好日子呢。我听乡亲说，刘邦要做关中王，那样就好了。"小女孩的话一句句敲在韩信心

谋胜群雄

汉朝开国奇谋

上，韩信安排乡亲照顾小女孩后，就匆匆赶回军营。他心中已经做了决定，豁然开朗。

第二天，咸阳城外旗帜猎猎作响，项羽正在分封十八诸侯王。韩信站在楚王身后队列中浮想联翩："这些诸侯里面本来有一个应该是我呀。"分封完以后，韩信注意观察汉王刘邦的表情，他发刘邦脸上没有半点高兴的神色，闷闷不乐。谁会高兴呢？本来约定先入关者为关中王，项羽竟然把人家撵到巴蜀之地。韩信觉得刘邦已经在关中得到民心了，肯定不会甘心屈居巴蜀的。看来天下太平只是表象，不久还会起战事的。

刘邦就要走了，项羽下令只要愿意跟着刘邦，尽管去。没想到愿意跟着刘邦去巴蜀的有一万多人，韩信就是其中一员。韩信要把赌注下在刘邦身上，想一展宏图，他正式从项氏军团跳槽到刘氏军团。这一选择，成就了刘邦，也成就了他自己。

大凡大人物的登场，总是一波三折。

刘邦入蜀后，韩信跟着汉军开始长途跋涉，但是并没有一下子就被刘邦注意，刘邦给韩信分了一个管理仓库的小官，依然不被人所知。后来韩信坐法当斩，同案的十三人都已处斩，就要轮到韩信了，韩信举目仰视，看到了滕公夏侯婴，军中兵士都知道夏侯婴是刘邦的亲信，而且为人仁爱，对下属很好。千钧一发之际，韩信好像抓住一根救命稻草，大喊："上不欲就天下乎？何为斩壮士！"（《史记·淮阴侯列传》）夏侯婴觉得此人话语不同凡响，看他相貌威武，就放了他，同他交谈，很欣赏他，于是进言汉王。汉王便封韩信一个管理粮饷的官职，但是并没有发现他与众不同的地方。

夏侯婴还是坚信自己的判断，不断地为韩信宣传，后来就传到萧何的耳朵里。萧何对韩信非常感兴趣，也找来一谈，没想到萧何一下子就被韩信征服了，萧何惊叹道："这是个人才，要是能帮助汉王，平定三秦指日可待。"尽管刘邦周围的很多人都坚信韩信是个有才华的人，可刘邦就是看不出韩信有什么奇异之处，更何况此时的刘邦还深陷在被项羽忽悠的失落之中，对别的事情不是那么上心。萧何私下里安慰韩信："等汉王心情好了，我提议拜你为将。"

刘邦被项羽封为汉王（实为排挤到汉中），从长安到达南郑，就有数十位将领逃亡。韩信估计萧何等人多次在刘邦面前举荐过自己而汉王不用，急于建功立业的韩信又一次动摇了。一个夜晚，韩信悄悄地骑上马向北而去。

萧何对韩信的走有预感，他心里不踏实，来探视安慰，果然韩信已走。此时的萧何来不及向刘邦报告便去追赶韩信，追了整整一夜才追上韩信，又信誓旦旦地向他保证，回来后保举他为将军。韩信深受感动，于是，就同萧何一起回到刘邦的军中。

刘邦见萧何回来了，又见萧何疲惫不堪的样子，心中悲喜交集，他责备萧何："连你也逃走到底是为什么呀？"萧何答道："臣不是逃跑而是去追逃走的人。"刘邦问："你去追谁？"萧何答："韩信。"刘邦听后，十分生气道："每天逃亡的人那么多，你都没有追，区区一个韩信你亲自去追，我看是在说谎吧。"萧何并不生气，说："这个韩信可不是个简单的人呀！"随后，萧何为刘邦细述了韩信的来历。

韩信的走和萧何的追，再加上萧何的力推，使刘邦不得不重新审视这个叫韩信的年轻人，难道他真的有那么大的本事？刘邦耐不住萧何的再三请求，就省略了考察的步骤，直接拜韩信为大将军。

此后，韩信接管了汉军的军务，积极准备完成平定三秦的计划。刘邦看到韩信疲惫的身影，不时地把自己的马车让给韩信，还把给自己准备的饭菜分给韩信，这让从小饱受别人白眼的韩信感动不已，暗暗立下了以死相报刘邦知遇之恩的决心。

韩信不负众望，暗渡陈仓，成功完成刘邦的既定目标，接下来攻无不克，战无不胜，带领汉军创造了一个个战争神话。

汉高祖四年（前203年），韩信率部直取齐地，有了傲视群雄的本钱，然后从刘邦手里得了个齐王的封号。项羽得知自己的二十万大军尽为韩信所灭，汉军对楚军形成了包围之势，这位力能扛鼎的武夫平生第一次产生了后悔、迷惑和恐惧心理。韩信是谁？不就是那个经常来献策的小郎中令吗？项羽不得不承认自己看走了眼，不得不承认当今世上能人辈出……

此时的韩信已成为楚汉之争中最重要的砝码。

项羽知道，有韩信帮助刘邦，自己的胜算越来越小了。于是派武涉前去策反韩信，条件是：三分天下。而不属于任何派系的汉阳人蒯彻也看出了当时韩信在局势中的微妙地位，第一时间赶来凑热闹，让韩信南面称王，三分天下。两人的谋划竟惊人的一致。武涉和蒯彻都独具眼力，对当时形势的分析，有理有据。

假若韩信当时脑子一热，雄心一动，三分天下，也许历史真的要改写了。但是韩信拒绝了，并说："我给项王当差的时候，不过是一个站岗的侍卫，言不听，计不用，所以我才背楚而归汉。汉王授我上将军印，给我数万兵马，把自己的衣服、食物都分给我，对我言听计用，所以我才有今天。他那么信任我，我就是死也不能背叛他呀。"

韩信这一番话是肺腑之言，因此成就了汉朝的天下。

刘邦的亲和力是"致命武器"，连韩信这位中国历史上最伟大的军事家也被吸引，从此铁了心追随他，这当然不能忽视夏侯婴和萧何的功劳。那韩信在项羽帐中，为什么就没有人向项羽力荐韩信呢？一是因为项羽手下无人，再者项羽平时很难采纳别人意见。按照当时的形势，韩信依汉则楚亡，归楚则汉危，中立则三分天下，韩信一人决定天下大势。刘邦真的是历史的幸运儿，坐享了秦末农民战争的胜利果实。

汉中对话，重识韩信

大家都听说过三国时的三顾茅庐吧！诸葛亮的"隆中对"流传千古。殊不知楚汉时期，韩信的"汉中对"同样精彩。

经过萧何的力推，刘邦决定重用韩信，并为此举行了隆重的拜将仪式。一授将印，二授将符，三授斧钺！韩信跪着一一从刘邦手中接过。

随后刘邦宣布：从今以后军中大小事务，皆由大将军韩信裁决，如有不服者一律格杀勿论。

拜将结束后，刘邦找来韩信谈话，这是他们之间第一次谈话。刘邦一直没有发现韩信有什么过人之处，这次之所以拜韩信为大将军，是看在萧何月夜追他的份上不得不重用他。

见到韩信，刘邦单刀直入，直接说："萧总管（丞相）一再向我推荐你，现在就说说你上任后的计划吧！"。

韩信倒是显得很谦逊，首先对刘邦任命自己为大将军表示感谢，然后认真的和刘邦进行了一次对话。这是一次重要对话，楚汉两大集团的帷幕就是由这次对话揭开的。这次对话中，韩信首先向刘邦提出了两个尖锐的问题。

"我们大汉集团如果想雄霸天下，面临的对手将会是谁呢？"按当时的情况来说，这样的问话简直有点多余，甚至愚蠢之极，连在一旁的萧何都有一种想起身来阻止韩信说下去的冲动。但刘邦还是一本正经地回答道："项羽嘛！"

接着韩信又说，"那你认为自己在才能等方面，跟项羽相比怎么样呢？"这第二个问题虽不像前一个问题那么愚蠢，但也尖锐得到头了。刘邦倒显得很平静，似乎并不太介意，略一沉吟，答道："论才能和才华我都不如他！"

其实前面两问，韩信只是为了试探刘邦的态度和对自我的认识。此时肯定了刘邦的诚恳态度后，他这才把对话引入了主题，"我也有同感，认为您确实不如项羽。"韩信说着，话锋突然一转，"但是我曾经在项羽手下待过几年，知道他的弱点。"

随后他详细地分析了项羽的弱点，大概为以下几点。

1.有勇无谋：在战场上硬拼，项羽威不可当，但是不善于用人，因此只能说是匹夫之勇。

2.不听忠言：他的集团在关中雄霸天下时，这时天下其他的大集团都对他又崇拜又畏惧，就在这个重要的节骨眼上，他却舍弃关中的事业到彭城那个弹丸之地去发展，而失去了一举吞并各大集团的绝好机会。

3.妇人之仁：平常他对属下很是关心仁爱，一旦属下得了病他宁愿自己挨饿，也会拿出食物给病人吃；但属下一旦建立了大的功业，他却舍不得分封属下。

4.忘恩负义：站稳脚跟后，就把楚氏集团的老大（指义帝），赶到荒蛮的郴州。

5.残暴不仁：项氏集团残暴之极，指出项羽坑杀二十万秦军为不仁的行为。

最后韩信又总结道，只要刘邦在政治、经济方面推行正确的方针政策，就能够由现在的弱转变为强。

在分析了楚汉两大集团的基本形势后，韩信提出了向东发展的夺取战略方针。"项羽手下留在三秦之地的章邯、司马欣等都是过去的秦氏集团的顶梁柱，但他们被项羽收编后，二十多万士兵都被项羽给坑杀了，因此秦地百姓对他们项氏集团恨之入骨，怎么会拥戴他呢？汉氏集团入关之后，与百姓约法三章，这样一来，肯定能得到关中老百姓的支持和拥护，当年义帝曾公开向诸侯表示哪个能最先入关，哪个就为那里的王，而您不负众望，先入关中。项羽不守约定，硬是把您逼到汉中这个地方来，连老百姓都为您感到不平，现在我们如果想与项氏集团一争高下，三秦之地只要号令一声就可以搞定了。"

刘邦早就想向外发展了，只是苦于没有门道，听了韩信一番精辟的分析，才豁然开朗。

刘邦兴奋地站起来，说："真不愧为本王的大将军呀，要不是萧相国帮我把你追回来，本王的天下是没有指望了，真是相见恨晚啊！"说着，走向韩信的身边，手掌拍在韩信的肩膀上。

刘邦这一拍，明显感觉到韩信的衣服太破旧了。当时汉军刚到南郑，物资紧张，士兵的衣物也显单薄。已经到了秋天，天渐变凉了，刘邦心里怪自己疏忽，为什么拜将的时候没有为韩信准备一套新衣服呢？刘邦想到这里，几乎没有思考，就脱下了自己的衣服，披在韩信的身上说："是我疏忽，没有为大将军准备新衣，这件是新做的，看你穿着也合适，你不要嫌弃……"韩信忙说"不敢"正要脱下，刘邦伸手紧紧按住韩信，示意他不要动，韩信感觉到那双手的温暖，再没有吭声。

韩信想：汉王和楚王有太多的不同了。

在一个晴空万里的早上，韩信开始对士兵进行强化训练。他首先宣读了新出炉的法纪法规，十二个字：法令如山、如有违犯、严惩不贷！

开始的时候众人对他并不服气，认为他一个无名小卒，没有什么资格来教他们。然而，一周后，韩信的强化训练已基本成形了，但见偌大的训练场上，人头攒动。进时如灵蛇出洞，迅猛至极，退时井然有序，悄然无息。众人不得不对他刮目想看，从此以后，再也没有人敢看不起韩信这个大将军了。

分封不力，彭越归汉

彭越，汉族，昌邑人（今山东巨野县），别号仲，西汉大将。拜魏

相国，又被封为梁王。彭越少年时代在巨野泽（在今山东巨野县北）以捕鱼为生，但还是吃不饱肚子，彭越一发狠就说："咱们累死累活地也吃不饱饭，干脆做强盗吧。"就这样做了强盗，他这个人很有号召力，因此许多附近的小混混愿意追随他，彭越就占山为王，在巨野泽一带神出鬼没，做起了抢劫的买卖。

秦朝统治一天比一天残暴，彭越的队伍反而给百姓出了一口气。许多人活不下去了，或者被征做苦役，都逃到巨野泽投靠彭越。彭越的队伍在秦朝廷的眼皮底下一天天壮大起来，彭越也成为昌邑当地的实力派人物。

天下风云突变的时候，彭越已经五十多岁，不愿一直做强盗头子了。他当初做强盗，不过是想吃饱饭，没有想太多。如今，天下大乱，大家都在说现在有两支比较厉害的造反队伍，一个是陈胜，一个是项梁……彭越每天都饶有兴趣地听这些人各种各样的传闻。一些手下人就鼓动彭越仿效他们的做法，彭越却认为"两龙方斗，且待之。"

又过了大半年，由于战火连天，彭越的强盗生活也受到了前所未有的冲击。世道不好，穷苦农民都去参加义军，有钱的做官的都躲在家里，加强防卫，彭越他们好长时间都没有做过"大买卖"了。彭越手下的人多次劝说彭越，在泽中起义，聚集人马，攻城略地，日子可能比现在好一些。彭越一直处于观望状态，现在看来秦朝真的回天无力了，彭越也想分享一下起义的果实，于是就决定起事。

当晚，彭越召集大家，约定说："我们既然要起事，就要定个规矩，不能再像从前那样散漫了，明日早晨日出时出发，迟到者斩首！"众人说："是！"

第二天日出之时，大家集合完毕，彭越清点人数，发现有十几个人还没有到，最后一名中午才到。众人都嬉笑闲谈，没有人觉得这是一件严重的事。于是彭越说："我年长了，你们再三恳求我做你们的首领。现在我和你们约好了会齐时间而有那么多人迟到，虽然不能都杀了，但是也要杀一儆百！"于是，命令校尉长将最后一个迟到者杀了，大家看了非常惊慌。彭越接着又说："既然你们叫我一声大哥，我就得对你们负责。"部属听了都大为震惊，原来只觉得造反好玩，没有想到原来一起嬉笑的大哥，一下子这么认真，从此再也没有人敢开玩笑、违抗军令了。

彭越就率领这支队伍攻城略地，收诸侯散卒，人数不断增加，从几百人到几千人。在彭越的严格要求下，这支队伍慢慢脱离了山泽强盗的痕迹，一步步发展壮大起来。

在这段时间，秦末政治舞台也是精彩纷呈，你方唱罢我登场。陈胜、项梁先后遭遇失败被杀，项羽、刘邦崛起，奉楚怀王之命，分两路攻秦。刘邦的西征军到达昌邑，恰好与彭越相遇。

刘邦的西征军直指关中，但声势上远不及项羽屯扎在巨鹿的军团。由于兵员不足，刘邦采用"自助餐式"组军，沿途收编陈胜及项梁溃亡后流散在各地的残军，是个十足的"杂牌部队"。

刘邦的武力不及项羽，但交朋友的技巧绝对是第一流的。相当体面的外表，加上一副毫不在乎的神情，总给人一种亲切感。他言语粗俗，与村里的常人没有什么两样，可他有一种长者风度，善于听从别人的建议。任何人都不会是全才，而刘邦就是"不善将兵善用人"的真正帅才。可以说，刘邦的江山不是"战"来的，而是"和"来的。

项羽以突击战术解巨鹿之围，以赫赫战绩成为诸侯领袖。消息传来，刘邦有点心急。但天寒地冻，刘邦的"杂牌军"最缺乏的是粮食，因此他决定去攻打章邯军团的粮仓——昌邑。

傍晚时分，刘邦在昌邑以南驻扎军营，刚刚安排妥当，就听报告有人来访。刘邦已经十分疲惫了，但是他想到可能附近又有人来归附，现在自己急需增加兵力，不能怠慢，于是强打精神接见来客。来人就是彭越。彭越早就听说刘邦为人随和，有侠义风范，很想与他见一面，得到刘邦驻军的消息，就匆匆前来。

刘邦很礼貌地接待了彭越，彭越一听刘邦说话，就觉得和自己很投脾气，就直言说："今日见到将军，觉得传闻不假，将军果真是侠义豪爽之人呀！"刘邦就是喜欢别人说他"侠义"，对彭越心生好感。彭越说："不瞒将军说，我不过是个水泽大盗……"刘邦赶紧说："那有什么？现在大家诛暴秦，四海之内皆兄弟，英雄不问出处。"

彭越说："将军驻扎这里，想必要攻打昌邑，我自小在这里长大，对这里非常熟悉，我手下有一千多兄弟，将军有什么需要尽管说。"刘邦非常高兴。两人越谈越开心，索性一起吃饭。彭越也向刘邦说了昌邑不好攻，希望刘邦做好思想准备。彭越与秦兵周旋作对这么多年，对昌邑的军事实力非常了解，秦兵出城到山野中与彭越较量，当然占不到便宜，但是秦兵一旦固守城池，彭越也不可能攻破昌邑。所以，这些年来，彭越虽然在昌邑周围攻下不少地盘，但对昌邑始终无能为力。更何况，现在昌邑成为章邯的粮仓，增加了更多兵力，这仗打起来是十分困难的。秦兵威猛，是不能否认的事实，不然六国也不会那么容易被秦国踏平了。

谋胜群雄

汉朝开国奇谋

刘邦与秦兵交手多次，对彭越的分析十分赞同，就说希望彭越能够帮助他打下昌邑。这就是彭越此行的目的，彭越当然欣然答应了。

彭越走后，刘邦一直在回味彭越的话，他关注的不是昌邑是不是能打下来，而是彭越叙述的与秦兵较量的一些经历使他很感兴趣。能打就打，打不胜就躲，想打的时候再出来打，只在自己熟悉的地方打，决不离开……这是什么战术？还挺有意思的。刘邦心中隐隐觉得彭越不是一个普通的江洋大盗。

彭越的部队在相约日期与刘邦会合，攻打昌邑。不出所料，昌邑果真很难打。刘邦和彭越与守卫昌邑的秦兵相比，人数和装备还是有差距的，而且秦兵知道彭越也在城下，更是坚持不出城应战，相持几天，刘邦非常焦急。

刘邦对彭越说："你说得果然不假。我们不能在这里耗太久，我要赶紧入关攻占咸阳。"彭越觉得在自己的地盘上没有帮上刘邦，心里觉得很不好意思，就说："你放心走吧，昌邑交给我。"刘邦本来想让彭越归附自己，和自己一起西征，但是见彭越没有这个意思，就说："那天彭老哥讲战略之术，我非常佩服，真希望以后能并肩作战。现在老哥就留在此地，以后我也许还要请求你帮忙。"彭越说："这一段时间我已经将你视为知己，谈什么帮忙不帮忙。"

第二天，刘邦引兵西征，彭越则带领兄弟回到巨野泽。此后，彭越整饬军队，不断收编各诸侯国败退的散兵游勇，发展到一万多人。

不久，刘邦进入关中，占领咸阳，秦朝灭亡。彭越听到项羽进入关中，封立诸侯的消息，有个小兄弟问彭越："现在秦朝灭亡，楚霸王要分封诛暴秦有功的人，大哥也有份吧？"彭越本来没有想到自己能分封什么爵位，但是现在改朝换代，又想到昔日沛公刘邦从砀北进击昌邑，自己曾率队前去援助，也算有点小功劳，应该会有点表示吧。彭越这样一想，觉得自己还是能得点好处的。

但是等了一天又一天，一直没有西楚霸王的使者前来。后来，分封的诸侯都到封地任职了，彭越才彻底失望了。彭越手下的人议论纷纷，大多数是不满，他们是强盗出身，不过是想过上好日子，自己流过血出过力，现在秦朝也灭了，怎么半点好处也没有呢？这些不满自然增加了彭越对项羽的不满，大骂："没他项羽，老子照样过得好。兄弟们，以后我不会亏待你们的！"

沉浸在"君临天下"的喜悦中的项羽还不知道自己在无意中制造了一个敌人。

项羽为什么忽略了彭越呢？项羽分封以前确实没有仔细考虑过全局，在他事业的全盛期，诸侯都对他马首是瞻，他根本就不会注意到一个只有一万人的水泽强盗；再者，项羽以"计功割地，分土而王之"的原则分封诸侯，彭越没有大军功，也不是自己所立的诸侯王，自然得不到封赏了。项羽没有和彭越共过事，对彭越的重视明显不足。

当时彭越部队因收编诸侯散卒已发展到一万余人，但无所归属。汉元年（前206年）秋，齐王田荣反叛项羽，田荣敏锐地发现了彭越的军事价值，便派人赐给彭越将军印信，要他南下济阴以攻打楚国。楚国派萧公角率兵攻打彭越，彭越大败楚军。汉二年（前205年）春，汉王率魏王豹和诸侯共同攻楚，彭越率三万多人归附汉王。汉王因为彭越在攻下魏地十多个城邑后，急于立魏国的后代，而魏豹是魏王咎的堂弟，是真正的魏国后代，便任命彭越为魏国相国，专掌兵权，平定梁地。从此以后，彭越就成为刘邦手下一名强将，成为楚汉战争期间最著名的"游击司令"。

汉王围攻彭城失败后，彭越常率军队打游击战以攻楚，在梁地断绝楚的粮草补给。汉四年（前203年）冬，项羽与刘邦在荥阳相持不下，彭越则乘机攻下了睢阳、外黄等十七座城邑，扰乱了楚国后方。项羽只得派曹咎坚守城皋，自己亲率军队来收复失地。彭越虽然丢掉了些城邑，但却打乱了项羽的计划，有利于整个战局。项羽更没有想到的是，在垓下之战中，彭越、英布和韩信帮助刘邦把他逼入绝境，这都是分封惹的祸呀。

对彭越军事才华的认识，收编彭越的部队，无形中就增加了刘邦取胜的砝码。彭越是战争史上第一个正式使用"游击战"战术的军事家，论军事谋略与指挥才能，他不如韩信，但论功绩，他却有过之而无不

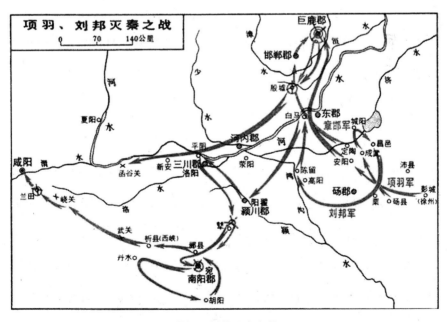

项羽、刘邦灭秦之战

及。楚汉战争正是在刘邦的正面防御，韩信的千里包抄和彭越后方"游击战"的基础上，才有机会在最后的垓下之战中歼灭项羽麾下的全部部队，并取得了最终的胜利。

排除疑议，重用陈平

陈胜在大泽乡起义后，天下大乱，战火蔓延到阳武（今河南原阳）一带，也就是汉朝开国谋士陈平的家乡。许多英雄豪杰望风而动，成群结伙，投靠义军。陈平心中也掀起了波澜。

陈平的父母死得很早，他自幼于哥哥嫂嫂住在一起，家境贫寒，吃了上顿没下顿。他的哥哥是老实的人，在家种地，日出而作，日落而息，非常辛苦。而陈平却好吃懒做，不愿意耕田种地，喜好读书。长兄如父，陈平的哥哥对陈平非常爱护，觉得陈平以后能有一番作为，就也不指望他干农活，并全力支持他外出游学。

陈平长大后，长得眉清目秀，一表人才，又因为没干过农活，非常白净，和那些面朝黄土背朝天的农民站在一起，显得很与众不同，可以说是当地出了名的美男子。

哥哥虽然不嫌弃自己，但是嫂嫂不同。陈平什么活也不干，整天靠着哥哥，嫂嫂难免心中会有怨言。

有的人问陈平的嫂子："你家里这么穷，怎么就把陈平养得这么白净呢？他平时都吃什么呀？"嫂嫂讽刺道："整天游手好闲，什么农活都不做，能不白净吗？"不久这话就传到陈平的哥哥耳朵里，陈平哥哥对陈平是寄予厚望的，而且很为自己弟弟自豪，听到妻子这样说陈平，非常生气，回去大吵一顿，就把她休了。

但是此事发生以后，陈平的名声也因此受到影响了。他嫂子被休的原因，传来传去也变了样子，说陈平与嫂子有不正当关系，哥哥这才休妻。

陈平自然不会理会这些，陈平的哥哥呢，更加不在乎别人说什么，兄弟两人仍是亲亲热热地生活在一起。但是，这些谣言，后来差点影响了陈平的前途。

再说，陈平听闻不断传来的起义的消息，简直是热血沸腾，后来又听说魏地已经被义军平定，陈胜封魏咎为魏王。这下，陈平按捺不住了，就首先在自己村子活动起来了，东家说西家说，拉扯了十几个血气方刚的小伙子。陈平见时机成熟，就对他哥哥说："时势造英雄，现在机会来了，我不能再等了。"第二天，陈平告别了一把鼻涕一把眼泪的哥哥，带着十几个人投奔魏王咎去了。

当时战乱纷纷，秦朝的官吏、落草的土匪、普通农民都有站出来高举义旗的，有的自立为王，有的被封为王，全国上上下下到处都是王，形成一股股小势力。这些势力都急需壮大，巴不得有人来投靠，多少不限。

陈平那十几个人在去魏地的路上发展到几十个，见了魏王，受到热情的欢迎。魏王咎一高兴，就任命陈平做了太仆。太仆这个官不算小，总之社会地位比农民强多了，陈平觉得终于可以一展自己的抱负了。不时地给魏王出一些点子。但是魏王总是心不在焉，不一会儿就转移话

第三章 广揽奇才，知人善用

085

题，陈平就直言问魏王："难道我的策略行不通吗？"实际上魏王压根悟不透陈平的一些想法，就只好说："好法子，不过要从长计议。"这样几次后下来，陈平觉得魏王不能成就大事。于是，陈平动了离开的念头。正好这时魏王和陈平谈话，酸溜溜地说："丽姬夸赞先生气宇轩昂……"丽姬是魏王的爱妾，魏王为什么突然问这个呢？陈平一下子意识到自己英俊的外貌又惹祸了。跟着自己来的同乡几乎都知道陈平那些谣言，哪个不服气的或者嫉妒心强的，说几句坏话，可真够他受的了。这次谈话之后，陈平左右思量，觉得魏王不是明主，而且已经怀疑自己，如果不快离开的话，迟早会招来杀身之祸。想到此，陈平不禁吓了一跳，于是什么也没有带，连夜逃走了。

这是陈平参加起义的第一次挫折。

此时陈平的心情非常沮丧，思来想去不知该去何地安身，在外面流浪了好长一段时间。这段时间，项羽迅速崛起，在众多军事势力中崭露头角，引起了陈平的注意。后来，陈平听说项羽在黄河边上作战，于是便又投奔了项羽。也许因为项羽出身贵族，生来对风度翩翩的人有好感，再加上项羽的头脑也比魏王高一个档次，他本身就精于战术谋略，听陈平的一番话，觉得陈平是个人才，马上赐爵为卿，委以重任。陈平就这样安安稳稳地待在项羽身边了。

后来，楚汉之争的大势渐渐明了，殷王司马卬叛楚，项羽派陈平去征讨。陈平打败了殷王，使之归楚，项羽非常高兴，赐金封官。汉二年（前205年），司马卬降汉，项羽大怒，迁怒殷王的将领，陈平首当其冲。自此以后，项羽话里话外总是说陈平枉受封赏。最后司马卬还是归了汉王，对陈平的一些计策也不耐心听了，这让陈平非常苦恼，他想：

项羽也算一代枭雄，怎么这么小肚鸡肠呢，简直就是小妇人。封了官就像别人偷了他几个鸡蛋似的，这样的人有什么前途呀？于是陈平把将印和项羽赐金封好，命人送给项羽，算是嘲笑他的封赏。陈平也非常清楚这样做肯定会受到项羽的报复，再一次逃走。不过这一次，他已经为自己想好了前程，去找自己的好朋友魏无知，让魏无知推荐他去见汉王刘邦。

天快黑时，陈平逃到黄河边上，回想自己前两次的挫折，心想，如果下一次再碰不到明主，恐怕我陈平这辈子的才华就要被埋没了。

陈平渡河之后，经过两个月的流浪，终于来到汉军的地盘修武，找到老朋友魏无知，把自己的意愿说清楚。魏无知也不耽搁，立即带着他急急求见汉王。刘邦一听魏无知的介绍，得知陈平不过是楚地"逃兵"，并不在意，就漫不经心地说："魏将军回去要好好款待这位先生……"旁边的陈平一下子就听出来刘邦对自己没有多大的意思，想起自己的韬略才华，想起自己前两次的委屈，心中十分悲愤，大声说："我今天有事而来，要说的话过了今天就不会再说了！"

刘邦心想：好大的口气呀，难道真的有良计妙策？此时的刘邦已经多次得张良的指点，觉得天下没有人能跟张良相比。但是陈平这句话到底起了作用，刘邦就说："那你有什么事就说吧。"一番深谈过后，刘邦不禁喜出望外，感觉自己又要得到一个得力助手了。陈平虽然超不过张良，但是也相差无几呀，心中非常高兴。当天就拜他为都尉，陪侍左右，并令他监护诸将，后来又提他为亚将，放手让他好好干。

陈平刚刚归汉，得到这样的礼遇，汉军中很多人注意到他，对他这个刚来的"小白脸"不服，甚至有将领如周勃、灌婴等，还酸溜溜地给刘邦打小报告，说陈平只是脸蛋长得漂亮罢了，肚子里未必有货，并列举了陈平的三大罪状：一是品行不端，有"盗嫂"的恶名；二是立场不坚，先事魏又归楚，最后又跑到汉军这边来，叛来变去，很是危险；三是太过贪婪，接受诸将的贿赂还不算，给的多有好脸色看，给的少还故意给难堪。说到底，陈平根本就是一个"反复乱臣"的货色，是不能委以重任的。

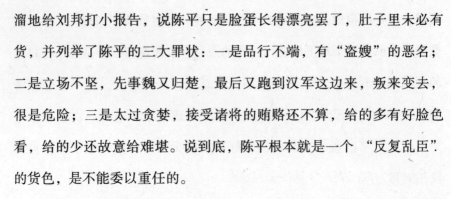

正所谓"众口铄金，积毁销骨"，这样的"小报告"打多了，连刘邦也开始怀疑自己最初的判断。为了妥善处理这件事，他先找推荐陈平的魏无知来问，魏无知说："我只是给您推荐奇谋之士，一些品行小节的问题，根本不值一提。"魏无知的回答模棱两可，显然不能让刘邦满意。

他又召来陈平，说："现在军中都在传你的谣言，我根本不相信。但你原来是帮助魏王的，后来离开魏王去帮助楚王，现在又来帮助我，这怎么不让别人怀疑你的信义呢？"陈平不紧不慢地回答道："同样一件有用的东西，在不同的人手里作用就不同了。我侍奉魏王，魏王不能用我，我离开他去帮助楚王，楚王因为司马卯事迁怒于我。我听说汉王是有见识、有心胸、有诚意的明主，懂得用人之术，正所谓'良禽择木而栖，贤臣择主而侍'，我就不远千里来归附汉王，这样做又有什么错呢？"刘邦听了心中疑惑已经减去大半，接着问："那众人说你收受别人钱财是不是真的？"陈平同样不慌不忙地说："我来时没有带一丁点楚王赏赐的财物，就是为了表示我归汉的决心，身无分文所以才接受了人家的礼物。大王如果觉得我可用，那就请大王采用；若是觉得不值一用，那我马上把收取的钱财交出来，回家。"寥寥数语，有理有据，刘邦被说的心服口服，心中疑惑尽消。这时陈平自我嘲讽地说："大王是不是也听闻过'盗嫂'的谣传，我觉得没有必要解释这种无稽之谈。"刘邦赶紧说："不用解释，我根本不信那些谣传。"接着向陈平真诚道歉，还提拔他为护军中尉，监督全体将领。

一波三折，陈平终于得到刘邦的信任和重用。从此，陈平一心追随刘邦，成为西汉安邦定国的著名谋臣。

陈平审时度势，终于站对了队伍，成为汉朝开国重臣，辅佐高、惠、文三朝，成为历史佳话。而陈平得以施展才华的关键因素，就是刘邦的用人智慧，他力排众议，不拘小节，重用陈平，体现了帝王的气魄和宽广的胸怀。相比之下，项羽在用人上存在巨大的缺陷，殷王归汉在当时并不是一件大事，而项羽却迁怒殷王的将领，导致陈平归汉。所以，项羽虽常胜，人却越打越少；刘邦虽常败，人却越战越多。

第四章
西进入关，收复民心

　　征服敌人不是只有一种办法，弱者之所以能战胜强者，是因为他们懂得示弱，能够忍辱负重，在形势不利于自己的情况下，能够采取灵活的应变措施。从表面上看，这不像是一个男子汉大丈夫所为，实则是一个真正谋略家的智慧。刘邦便是深谙此道之人。

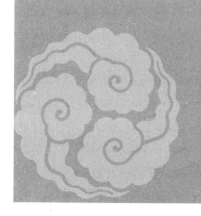

受怀王命，西征灭秦

项梁突然被杀，楚怀王借机掌握了军政实权，并将都城迁至彭城，将三支主力部队按犄角状布置妥当，准备迎击章邯的秦军。但章邯认为楚军的实权人物为项梁，项梁被杀后，楚国其实已经不堪一击，所以移兵北上，转而进攻赵国。章邯认为赵国离秦国较近，对秦威胁最大。楚军因此赢得了喘息之机。

楚军虽然避免了与秦军进一步交战，却并未脱离危机，因为秦军依然拥有强大的实力。这时，赵国告急求救的信使已经赶到了彭城，盼望楚军出兵相救。这件事不仅关系到楚国能否成为各路起义军的霸主，而且直接关系到秦国能否最终被推翻。于是，楚怀王迅速作出了北伐与西征同时进行的战略决定。北伐即是出兵救赵，防止秦军挥师南下；西征则是直接攻打被秦控制的关中地区。经过激烈的政治讨论，怀王决定任命刘邦为西征军的统帅，宋义为北伐军的统帅，项羽任其副将。因为秦军此时实力强大，所以各将军均不太情愿参战，只有项羽主动请战，希望借此为叔父报仇。

事实上，项梁牺牲以后，楚怀王对待项羽和刘邦的态度，一直是压制项羽而支持刘邦。他先剥夺了项羽的兵权，却保留了刘邦的军队，继而又任命宋义为北上救赵军队的首帅，而让项羽屈居其次，项羽对这个任命不满，要求参加西征，又被否决了。为什么楚怀王要压制项羽呢？因为楚怀王是项梁所立，这支军队的主要将领也都是项梁的部下，项梁虽死，他们与项羽的关系密切。楚怀王要在这支军队中树立威望，掌握实权，就必须抑制项羽的权力和影响。而刘邦的军队，虽然在这一阶段也依附于项梁，但他毕竟不是项梁从江东带来的部下，他与项梁仍保持着一定的距离，有相当的独立性。所以楚怀王有意提高刘邦的地位和权力，正是为了压制项羽的力量。

怀王看出诸将领的怯战之心，所以为了鼓励各个将领能尽快入关，推翻秦的统治，他在各路军队出发前，与诸将相约："先入关中者王之。"刘邦的任务是直接西征入关，宋义、项羽的任务则是北上救赵，救赵后的下一步行动是什么，当时并不明确。所以楚怀王的这一相约，明显是偏袒刘邦的。

楚怀王在项梁战死后所采取的一些措施，虽然含有很大的个人争权的成分，但从他的一些军事战略部署上看，这个出身贵族的牧羊人，在战略战术上还是有相当水平的，也可能这是他身边的谋士如范增、陈婴等人出的主意，但他能择其善者而从之，也说明他有一定的决断能力。

关中地区包括渭水、泾水、洛水等流域，物产丰富，富甲天下。由于以农业为立国之本的周朝曾以此为根据地，因而当地水利设施完备，生产力水平较高，秦王朝也在此建立了它征服全国、统一天下的大本营。天下英雄均想先取而代之。

秦国灭亡的征兆已经很明显，关中地区自然成为所有想逐鹿天下的野心家们最心驰神往的地方。不过，这块宝地可不是那么容易被占有的，因为这个地方四面八方均被崇山峻岭包围着，只有"东函谷，南武关，西散关，北萧关"四关可以进来。

所谓"关"，是险峻的山岭缺口，所谓"一夫当关，万夫莫开"，形容的就是这种易守难攻的险关。

关中地区的这几个关都易守难攻。函谷关外，地势较平坦，相对容易攻打。只是函谷关外的洛阳及荥阳等大城均为秦军粮仓，一向是章邯的大本营，除非能击溃章邯的军队，否则由此进攻函谷关比登天还难。

此时，章邯的声望正如日中天，作为新近闻名天下的猛将接连取得了对义军的数十场胜利，各路义军均避之唯恐不及。因此，这条由函谷关攻入关中的路线，并不被诸将看好。

项羽之所以听从范增的建议，宁愿当副将，为的就是取得率军攻打章邯的机会，报章邯杀害项梁之仇。因此，项羽排除异议，主动建议争取攻打章邯。宋义既取得军权，心中对项梁之死也难免有所愧疚，所以也同意项羽率兵进攻章邯。

当时楚怀王把主要兵力集中在北上救赵的援军上，因为秦军的主力在那里，在那里无疑将会有一场决战，这样的兵力部署是正确的。但因为定陶之战项梁失利后，楚军受到很大的损失，所以项羽率领的北上救赵部队，最多也不超过十万人。

相比之下，刘邦的西征军要少得多。他从砀县出发西征时，兵力不足万人，当然是困难重重。为此，楚怀王考虑到刘邦兵力的情况，给刘邦的权限是"收陈王项梁散卒"。刘邦在西征中，也充分认识到了自己的不足，于是采取避实攻虚的战略，以扇形的攻势，逐步向西推进。为了扩充兵力，他沿途注意收集陈胜、项梁战败后散落在各地的士兵，以滚雪球的方式，逐步壮大了自己的队伍。

因为领到西征的重任，刘邦的实力和知名度得到了迅速的提升，为此他对怀王一直抱有感激之情。项羽虽然也受领了北伐的重任，但他深深地感觉到怀王的排斥，很快就用手段杀死了宋义，夺回了兵权。北伐与西征带给刘邦与项羽两人的是截然不同的结果。项羽虽然在军事上取得了卓越的战绩，刘邦在军事上没有太优秀的表现，但是刘邦的名声威望却得到了提高，取得了民心。

高阳酒徒，夜拿陈留

刘邦在西征道路上首先选择的进攻目标是砀县北面的城阳（今山东甄城县东）和杠里（今山东范县西），这里有两座秦的军营。本来一开始就打攻坚战，不易从速取胜，但因为这一带是项梁与章邯决战的地方，项梁失败战死后，这里剩下的仅是一些残余势力，容易攻打；更重要的是秦军营中存有不少粮食，这对于缺少粮食供应的刘邦军队来说，至关重要。所以他一开始西征，首先是向北行动，攻破了这两个地方的秦军壁垒，取得了军需和物资，才好准备下一步的军事行动。

刘邦在攻破城阳和杠里后，接着又一举攻破了秦武。可到昌邑时，就没这么顺利了，连攻两次，未能拿下。

刘邦这些活动，严格地说来还不能算是西征，因为他主要活动的地方在砀县以北，是围绕着两次进攻昌邑而进行的。这一系列活动虽然没有西进，但却扩充了兵员，解决了粮食供应，为下一步的西征做好了准备。

昌邑并不在刘邦西进的路上，他两次攻昌邑不下，就率兵向西推进。到了高阳（今河南杞县西），他遇见了谋士郦食其和他的弟弟郦商。

高阳城负责看管城门的老头儿叫郦食其，是高阳的一个穷儒生。他虽然穷，可读了不少书，有计谋但很狂妄。陈胜起义后，有数十支起义军先后路过高阳，他打听到这些起义军的将领多狂妄自大，没有太大的抱负，听不进别人的意见，所以都避而不见。他常常蹲在城门边上发表一些怪论，经常自言自语说自己本是相才，但是没有遇到识才之人，所以只能做个看门人，大家听后大都一笑了之。

当刘邦的军队到了高阳时，刘邦有一个卫士过去是郦食其的邻居，郦食其向他打听刘邦的为人，这个卫士对郦食其说，刘邦常常向他问起家乡的贤士豪杰，并希望能为他所用。郦食其一听，正中他意，没想到自己六十岁了还能遇到识才之人，不禁心中暗喜，于是匆匆前去求见刘邦。

此时，刘邦正陷于短暂的迷惘之中。

他虽然驻扎高阳，但是并没有制订出一个完整的计划，下一步怎么走，他还没有认真想过。这当然没有上阵杀敌来得痛快，于是懒懒散散，等着几个高参拟定出计划再做打算。

他一边想着自己的心事，一边让两个女子给他洗脚，姿势也确实不雅观。这时下属来报一个自称"名士"的老头求见，刘邦听了差点笑出来，心想这个人还真有意思，竟然称自己为"名士"。

一会儿，一个看起来并不怎么样的老头子进来，见了刘邦并不叩拜，只是略微俯身作了个长揖，自报了姓名。接着就说道："我这次来，主要是想问问您，您是想帮助秦国攻打诸侯呢，还是想率领诸侯灭掉秦国？"刘邦听了十分生气，不由地骂道："真是一个迂腐儒生！还自称名士，天下百姓苦于秦朝的统治已经很久了，众诸侯们才纷纷起事，怎能说我是帮助秦国攻打诸侯呢？"郦食其回答说："如果您下决心联合民众，召集义军推翻暴秦，就不应该坐在床上用这种倨傲无礼的态度接见长者。"刘邦这才明白原来郦食其话中有话，并且觉得他说得很有道理，立刻下令让两个女子离开，然后整理衣冠，恭恭敬敬地请郦食其上座，并向其表示歉意。然后，他看着郦食其说："想不到，儒生也能有这等见识？"郦食其大声说："儒生？老子是高阳酒徒！"刘邦一听这话乐了，这个老头的潇洒劲和自己有一拼呀！

这个郦食其确实有点本事，他学富五车，通晓历史，对战国时期合纵连横所用的谋略，如数家珍，娓娓道出，听得刘邦如痴如醉。郦食其在城门底下说了大半辈子没有人理解的话，完完全全兜售给了刘邦。不知不觉过了好几个时辰，郦食其要告辞，刘邦根本舍不得，他命人端上饭菜，与郦食其共同进餐。在这期间，还不停地向其讨教各种军事谋略。

两人酒过三巡，刘邦把自己现在面临的形势说了一下，虚心向郦食其请教道："依先生看，我们现在应该采取什么样的策略呢？"郦食其说："你虽然沿途招兵买马，收集各地散乱的士兵，到现在也只有不满万人的军队，而且这支军队又没有经过什么训练，还是乌合之众。你如果想用这点力量，西征入关，去攻击还很强大的秦，无疑是虎口探食，凶多吉少。"要是在从前，刘邦是不屑于听郦食其这一番话的，但是经过与秦军的几番较量，确实感觉到秦军并不是好对付的。刘邦听了他的

第四章　西进入关，收复民心

话，很是着急，赶紧问他有什么好的办法。郦食其不慌不忙地说："陈留是天下交通的要道，四通八达，秦在那里存放大量的粮食，但城坚兵多，强攻下来不易。陈留县令是我的好朋友，主公要是愿意的话，我可以跑一趟，劝他向您投降。如果他不投降，主公再发兵攻城也不迟。到时，我在城内做内应。"真是好事自天而降，天上掉了一个馅饼砸在刘邦的头上，刘邦大喜。

郦食其按计划连夜去见陈留县令。老朋友见面，郦食其开门见山地对他说："秦的残暴统治，已经引起天下的叛乱，秦的统治不会延续多久了。看在我们是老朋友的面子上，我劝你起来参加反秦的队伍，今后不但能保命，甚至还能有高升的机会。

陈留的县令并没有那么容易就被说服，郦食其说得口干舌燥，陈留县令也就说了一句："你要是来找我叙旧，我们好好喝茶下棋；你要是替刘邦做说客的话，还是早点回去吧！"

由于与郦食其有着很深的交情，陈留县令也非常信任郦食其，就请他晚上留宿于府上。郦食其躺在床上，左思右想就是睡不着，想着第一次出手就这样惨败，以后怎么在刘邦面前立足呢？他权衡一下，做出了一个重大的决定，夜深人静之时，将县令杀死。此时的他已经顾不上什么交情了。

夜深人静，郦食其偷偷起床，溜至县令卧室。趁陈留县令睡得正沉之时，将其杀害。并带着陈留县令的人头，连夜从城墙上偷偷爬出去。

刘邦听到郦食其已经把陈留县令杀害，认为攻城的时机已经到了，马上带兵攻城。由于陈留县令被杀，守军已经乱作一团，争先恐后地投降了刘邦。就这样，刘邦不费吹灰之力就拿下了陈留。

智取陈留是刘邦领导的西征军取得的一个重大胜利，而且没有费刘邦一点力气，这要归功于半路杀出的高阳酒徒郦食其，事后，因郦食其献计有功，被封为广野君。接着又封郦食其的弟弟郦商为将军。这一场胜利从组织、军事和后勤等各个方面，为刘邦的下一步西征打下了良好的基础。

攻城为下，攻心为上

　　拿下陈留后，刘邦又瞄上了陈留西边一个重要的城市开封，但始终没有攻下。刘邦继续向西，先后在白马、颍阳大败秦军。

　　刘邦的西征队伍打了一场又一场的仗，有胜利也有失败，缓慢而艰难地向咸阳城开进。

　　此时，项羽因为巨鹿之战而声名大振。刘邦不敢有片刻的懈怠，率领大军继续向西挺进，这样做是为了首先进入关中。刘邦清楚地意识到"先入关为王"这个约定的诱惑力，一直在思考怎样才能以最快的速度到达目的地。这对于刘邦来说，还是很有难度的，紧接着刘邦就在洛阳之战中受到重创，西进形势一落千丈。刘邦为了鼓舞士气，就聚集军中的骑兵，在南阳县东面和南阳郡守战了一场，打败了秦军，攻取了南阳郡，南阳郡守逃跑，退守宛城。

　　其间，刘邦再遇张良。刘邦向项梁借兵以后，张良就开始跟随项梁，并向项梁提出恢复韩国的请求，项梁立韩王成，并给了张良一千多人马，张良利用这一千多人占领了十余座城邑。但是，兵少将寡，他只能跟秦军打游击战，城邑经常得而复失、失而复得，与秦军形成拉锯式的对峙，一直没有进展。张良是出色的谋士，但却是一个平庸的将军，他自己也意识到这个问题了。

这次遇到刘邦，张良非常高兴，因为刘邦是少数几个能听懂自己所讲兵法的人之一，第一次相见时就互相倾慕。这次，经历过不少挫折的张良，索性连城带兵全部归属刘邦，十余座城邑轻易收进刘邦囊中。刘邦的队伍一下子又强大了不少。

这时西征已经有八九个月的时间了，刘邦欣慰之余开始思考这几个月来的经验教训：以攻心为战略，胜利来得很容易；硬碰硬，损失惨重。没有任何军事教育背景的刘邦，也渐渐悟出点什么。

现在距关中越来越近了，刘邦觉得与秦军正面交战，总是讨不到便宜。现在咸阳就在眼前了，不想再硬拼了，决定绕过宛城西进。并且认为南阳守军已是战败之军，没有必要再进行强攻。

张良认为刘邦这种把敌人留在后方，自己冒险前进的战术很危险，万一前面遇到强敌，暂时失利，很可能陷入腹背受敌的危险境地。张良就对刘邦说："你虽然急于西进入关，但要考虑到现在秦兵还很多，到处都在依险据守，抵抗起义军前进。现在我们没有攻下宛城就西进，前面有秦的强大队伍在抗击我们，如果守宛城的秦军再从后面袭击，我们的处境可就危险了！"

刘邦是一个很善于接受别人正确意见的人。他觉得张良的话很对，顿时觉得自己的冒险计划是十分危险的，但是刘邦并没有觉得没面子，他坦率地说："我怎么没想到呢？上天派子房来帮助我了。"

于是，他立即下令："从小路返回，更改旗帜，连夜包围宛城。"

黎明时分，天边刚刚露出鱼肚白，宛城城上的守军就隐约看到城外密密麻麻的军队把宛城团团围住。守军马上把这个消息报告给南阳郡守，南阳郡守感到，起义军不拿下来决不会再撤走了。

接着，他召开会议，对下属、门客说："现在国家岌岌可危，我又无能为力，这次刘邦围城，是志在必得，你们各自寻找出路吧。"然后黯然去了内堂。剩下的人非常惶恐，议论纷纷，开始盘算怎么逃走，但是其中有个人非常冷静。这个人就是南阳郡守的手下陈恢，也是宛城之战的关键人物。他觉得宛城难保，但是这样轻易放弃也非常可惜，大可以与刘邦谈谈条件。他这样想着，就步入内堂想找郡守谈一谈。

南阳郡守由于绝望至极，竟然手握宝剑准备自刎。陈恢见状一个箭步上去，把宝剑夺了下来，南阳郡守颓然倒在地上。陈恢上前扶起郡守，劝慰说："虽然看起来宛城必定被攻破，但是反秦已经成为大势，您这样做也于事无补，况且现在还不必自刎。我们不是连一点办法都没有的。"然后把自己的计划一一说给郡守，南阳郡守听了叹了口气说："反正现在也没有更好的办法，就按你说的试试吧！"

陈恢有什么高招呢？他只不过想借反秦起义军急于入关的机会，为南阳郡守的投降讨价还价。

当晚，郡守安排陈恢悄悄地翻过城墙。

陈恢到了城外，找到了刘邦，对刘邦说："我听说你在西征时，楚怀王有约在先，谁先攻入咸阳谁就在那里做王。宛城是南阳郡的都城，南阳是个大郡，与之相连的城池有几十座，百姓众多，且积蓄充足。

第四章　西进入关，收复民心

"现在郡守自认为投降起义军，必然会被处死，所以决心据城坚守。在这样的情况下，你如果强攻宛城，必然会受到很大的损失，一时也难以攻下。我们郡守也深知宛城难守。但是这样打起来，双方士兵伤亡必定很多。在此形势下，你如果强攻宛城，就延误了先进入关中占领咸阳的机会，如果放弃宛城不攻而西进，又有强敌在后，随时有前后被夹攻的危险。为了解脱你现在进退两难的处境，我向你建议，最好的办法是劝宛城的守军投降，封其郡守为起义军的官吏，让他为起义军驻守这里，还可以征调他的兵马，为起义军西征出力。你如果在宛城这么办了，秦在其他地方的守城将领，听到起义军来了，一定会争先恐后地打开城门迎接您的，您就可以畅通无阻地西进，没什么后顾之忧了。"

刘邦听了这话当然高兴了，他本来是打算放弃宛城了，没想到郡守竟然拱手相送，让他继续做郡守又有什么难事？于是就很痛快地答应了。接受宛城的投降，封郡守为殷侯，还封陈恢为千户。当日，陈恢返回宛城，翌日，宛城郡守出城，与刘邦在城下签订了投降协议，宛城兵士统统归刘邦统率。

陈恢的话，再一次提醒刘邦，在西征中要加强政治攻势，不能光依靠武力解决问题。

宛城周围的城邑很快知道这个消息，本来秦的一些地方官吏在强大的反秦起义浪潮中，正感到走投无路，刘邦的这一做法，给他们指明了政治前途和出路。很多都派人和刘邦谈判，刘邦接待了一拨又一拨降军。感慨万千的刘邦对张良说："看来和平的吸引力很大呀。"张良说："只要不扰乱老百姓的生活，不乱杀无辜，就能得到老百姓的信任。"刘邦一拍大腿说："说得好，子房，你帮我拟一条政策吧！"

宛城归附刘邦后，张良为刘邦拟定了一条非常重要的政策："所过毋掠"。这一政策是刘邦对咸阳城"约法三章"的基础，也是刘邦"攻心"策略的组成部分。"所过毋掠"政策一出，各处都在宣扬刘邦的德行，归降者络绎不绝，刘邦的队伍不断地壮大，起义军刀不血刃一直推进到武关。

宛城之战是继占领陈留之后，刘邦西征路上又一次具有非凡意义的战役。这两次战役的胜利都是依靠计谋和政治攻势取得的，让刘邦意识到人心的巨大作用。攻城为下，攻心为上，战争的实践锻炼了刘邦，以"攻心"为中心的政治策略逐渐在他脑海中成型，并一直把他送上皇帝的宝座。历史又一次证明：得民心者得天下。

刘邦当时的兵力有限，如果单纯依靠军事行动，肯定不会取得那么大的战果。同时，这两次战役也说明了秦统治者的残暴和不得人心，秦的统治实际上已临近瓦解。

当时的刘邦急于建功，难免会在判断上出现失误，而在这种时候遇到张良，不能不说是一种幸运。张良深谋远虑，定下攻城的政策，给西征军指明了道路。

从长计议，智取武关

西进以来，刘邦虽然连连取得昌邑、陈留、荥阳之战的胜利，士气高涨，粮草充足，但是与项羽的大军比起来，自己还太弱。项羽出身贵族，年轻有为，创造了诸多战争神话，立下赫赫战功。从个人魅力到家庭出身，刘邦面对项羽都有一种自卑，这种自卑让他韬光养晦，让他默默地等待机会，这一点心思别人觉察不到，甚至连他自己也觉察不到。他想的是：难道我要永远做一个小配角？

此时，刘邦已经迈进五十岁门槛了。五十岁到现在也是要退休的年纪了，在当时更是"土埋半截"，半辈子都过去了。刘邦难免有些急了，他心里打着自己的小九九：怎样才能更快地入关呢？"先破秦入咸阳者王之"这句话不能不使他动心，但是他也明白谁有实力谁就是老大的道理。

能了解刘邦心意的也许只有张良了。此时咸阳就在眼前，破了武关就能长驱直入了，这一战在所难免。

武关在河南和陕西的交界处。刘邦占领了南阳郡以后，武关就完全暴露在刘邦的军队面前。

在刘邦正准备进攻武关的时候，章邯的大军向项羽投降了。这件事促进和加剧了秦最高统治集团内部的矛盾和斗争。秦的丞相赵高为了控制秦二世，达到他专权的目的，一直不把秦军在前线失利的情况告诉秦二世。章邯的投降，对秦统治者震动很大，赵高怕再也瞒不住秦二世，就制造了一次宫廷政变，先发制人，杀了秦二世，立他哥哥的儿子子婴为秦王。赵高为了求得缓兵之计，就派使者到刘邦处，表示愿意和他分王关中。

刘邦在没见到使者之前，就已经在心里鄙视、耻笑赵高千万次了：此人善于察言观色，但他不了解自己的"外交"对象是从小混身市井的

谋胜群雄

汉朝开国奇谋

刘邦。

秦使拿出惯用的伎俩，盛赞一番刘邦的功业，然后表达赵丞相和谈的"赤诚之心"，最后才提出优厚的条件："与沛公共图大业，在关中分地为王……"说着还不忘把赵高准备的厚礼拿了出来。秦横征暴敛多年，宫中收集天下奇珍，这点东西对于独揽朝中大权的赵高来说只是九牛一毛罢了。而刘邦出身农民，接着又征战多年，见的多是血流成河、横尸遍野，对这等的奇珍异宝还真是不常见，立即笑眯眯地收下了。刘邦对秦使的态度这般"和蔼可亲"，让秦使受宠若惊，只觉得刘邦收下了礼物，自己的任务已完成一大半了。

秦使走了以后，刘邦、张良等人立即研究了秦使的意见，认为赵高在耍花招，并不是真心想投降。再说一个万民唾骂的赵高，刘邦怎么会和他合作呢，不是搬起石头砸自己的脚吗？于是决定不予理睬，继续进攻武关。

可怜赵高看到大兵压境，终日惶恐，好不容易盼回和刘邦谈判的秦使，得知刘邦收下重礼，将信将疑，暂时将一颗心放在肚子里，却不知道刘邦这边已经"磨刀霍霍向猪羊了"。

在研究进攻武关的战术时，张良认为，武关地形险要，一夫当关，万夫难攻，不宜采取强攻的办法。

这时卖狗肉出身的樊哙，一个赳赳武夫，到了武关后，早就按捺不住了，便嚷嚷起来说："大哥，你给我五万精兵……"

张良已经看出了营中诸多武将的急躁，而且赵高这次派人来，好像也激起了刘邦建功立业的急切心情，樊哙这么说更是"火上浇油"。但是毕竟瘦死的骆驼比马大，秦朝虽然四分五裂，但也曾经是盛极一时的大秦帝国，到底还是有些底气的，不能小视。

于是，张良就对刘邦说："秦的守军作战力很强，不可轻视，强攻会使我们受到损失。"刘邦没有说话，他向来不轻易驳斥下属的建议。听张良这样说，他也觉得自己太过于急功近利了，就问张良该怎么办。

张良接着说："武关之战在所难免，但是赵高之事倒是提醒了我。秦相以重币贿沛公，沛公何不以其人之道还治其人之身呢？我了解到武关的守将出身于屠户之家，历代商人都很重视利的。假如我们先派出少量的先锋部队作为疑兵，再在周围的山上张旗鼓噪，做出要大举进攻的样子；再适当用财物加以引诱，不怕他不归附义军，然后再趁军士懈怠之时，一举击破……"

刘邦听了张良的话，觉得高明，马上点头赞许。他差人唤来郦食其、陆贾二人带着大量财宝，去贿赂守武关的秦将，松懈其斗志后，趁其不备，再突然进攻，可能比较省力。

郦食其、陆贾这两人可是刘邦手下能言善辩之人，虽然没什么大智谋，但是三寸不烂之舌也能在关键时刻派上大用场。两人一听说有这样的差事，喜不自禁，马上表示一定不辱使命。张良的计谋果然高明。秦将是个贪财之徒，他得了郦食其、陆贾送来的大量财宝，又觉得秦朝皇帝一个比一个昏庸暴戾，再加上赵高乱政，义军所向披靡，觉得秦朝气数已尽，坚守已经没有任何意义，不如投降对自己有利，就表示愿意投降，与刘邦合军西击咸阳。

这位武关守将到底叫什么名字呢？史书上没有记载，只知道他是"屠户的儿子"，贪财好利，最后还落个命丧黄泉的下场。

此时的秦将心里终于松了一口气，不再整日为如何迎战义军而头疼

谋胜群雄

汉朝开国奇谋

了，此时关外满山遍野的军士都成了自己的兄弟，还有什么可怕的，终于可以高枕无忧了。这一夜，他专门叫了几个心腹畅饮一番，还好好憧憬了一下未来。

这时，刘邦的军队已经悄悄埋伏，等到深夜，一队精兵没有受到任何阻挠爬上了武关，打开了城门。一时间，杀声震天，灯火通明，武关守军还不知道怎么回事就做了刀下鬼，这样一来很快就占领了武关。秦将收到禀报，才知道自己中计，破口大骂刘邦言而无信、卑鄙无耻……

武关之战，按照张良的意见，用重金贿赂了守将后，趁其松懈不备，突然发动进攻，可以说刘邦付出的是极小的代价，为先攻入咸阳占了先机。秦军丢了武关，退守蓝田，已经溃不成军。刘邦乘胜追击，又在蓝田击败秦军，咸阳就彻底地暴露在刘邦的眼前了。他的眼前又一次浮现出项羽那张英气逼人、睥睨一切的脸。

一个聪明的战争指挥者应尝试用最小的代价换取最大的胜利。武关是刘邦进入咸阳的最后一道阻碍，势必会有最顽强的抵抗，其守将一定也是经过严格挑选的，可是他们在大敌当前时，都置秦统治者于不顾，接受了敌方的贿赂，这说明秦统治集团已经非常腐败了。

约法三章，取信于民

刘邦先入咸阳其实是他取得天下的关键一步。他在咸阳，继续采用张良的攻心术，约法三章，秋毫无犯。

汉元年（前206年）十月，刘邦终于来到灞上，咸阳城就在面前。

刘邦年少时的理想是做一个游侠，行侠仗义，自由自在；起兵时，刘邦想雄踞一方，兄弟都跟着自己荣华富贵；刘邦投奔项梁时，想裂土分疆，做诸侯王，世代相传；但是当刘邦浴血奋战，到达咸阳城时，他想要做的已是皇帝了，想一统天下。秦始皇能做到，我为何不能做到？刘邦出身贫贱，但是他并没有把秦始皇放在眼里。此时，他终于第一个攻入关中，实现了自己日思夜想的愿望，心中怎能平静？

刘邦大军压境，子婴知道败局已定，便驾着素车白马，带着玉玺前来投降，他用丝绳系着脖子，脸色苍白。刘邦在关外一个月的时间，咸阳城发生了天翻地覆的变化。子婴登上皇位就杀了赵高，接着便迎来了刘邦的大军。可怜的子婴，就这样糊里糊涂地做了亡国的皇帝。

这时，子婴封好皇帝的玉玺和符节，恭敬地交给刘邦。刘邦接过玉玺，心中抑制不住地狂喜，甚至大脑一片空白，都不记得受降仪式是怎样举行的。受降仪式结束后，大家议论应该怎么处置子婴。樊哙说："杀了算了，以绝后患。"刘邦想一想说："不可。当初怀王派我西进关中，最看重的就是我的宽厚；再说人家既然投降，还要杀掉人家，不义。"众将领听了，都十分钦佩刘邦的为人。刘邦把子婴交给主管官吏，吩咐要好好相待，然后就率领队伍浩浩荡荡向西进入咸阳。

秦始皇统一六国后，将天下富人迁至咸阳。富有的咸阳城，无论是建筑规模，还是繁华程度，在当时的世界上，都是无可匹敌的。它是秦国七代君王耗费两百多年，精心打造的安乐窝。秦始皇在兼并六国的过程中，每灭一国，就令专人把该国宫殿样式画下来，在咸阳依照原样重建，称为"六国宫殿"。在扫荡六国的过程中，俘虏来的美女尽入咸阳，搜罗来的各种奇珍异宝充斥国库。

秦国统一六国后，秦王嬴政自号始皇帝，在咸阳继续大兴土木，修建新的宫殿。他在渭水边动用上百万民工修造一座朝宫，起名叫阿房宫。据记载，阿房宫"东西五百步，南北五十丈，上可坐万人，下可建五丈旗"。

秦始皇生前一心追求不朽，还希望死后继续过帝王生活，没想到骊山陵墓的建造引发了秦末农民大起义。到刘邦进驻咸阳，大秦帝国走到尽头，给刘邦留下了一座豪华奢侈的咸阳城。刘邦策马城中，只见一座座宫殿、一重重大门，心中不停地感慨叹息：好一个秦始皇！

刘邦率大军占领咸阳后，情不自禁地被秦王宫里的一切所吸引，曲径斜栏，彩屏罗帐，奇珍异宝，美女佳人，一切恍如梦中。如今，这个梦境是如此逼真，如此贴近，伸手可触。于是就起了留居宫中，安享富贵与美色之心。大将樊哙冒死犯谏，直斥刘邦。然而，刘邦虽知有错，但根本不予理睬。看在眼里、急在心里的张良此时已经按耐不住了，就直截了当地问刘邦："主公，是否今日就想住进皇宫？"此时正在欣赏一件精美铜烛台的刘邦，听张良这么一说，不但停止了欣赏铜烛台，表情也变得严肃庄重起来。这时，张良不慌不忙地解释道："主公今天能够来到这里推翻秦朝，多是因为秦王多做不义之事，既然您替天下铲除了凶残的暴政，就应该清廉朴素，以示节俭。现军刚入秦都，上至您，下至士兵，都沉溺在享乐中，这正是人们说的'助纣为虐'。愿沛公听从樊哙等人的话。"张良语气虽然很平，但软中带硬，尤其是对古今成败的揭示以及"无道秦"、"助虐"等苛刻字眼，深深地刺激了刘邦那颗近乎沉醉的心。

刘邦被张良说得哑口无言，幡然醒悟，认识到了当务之急为得人心。沉默了一会儿，然后双手整理了一下衣冠，自我解嘲地说："看来泗水亭长真没有这样的福气。"

然后他立刻派人封了秦王宫的仓库，并派重兵把守。秦王宫顿时又冷清下来了。之后，刘邦没有带任何财宝、一个美女，仅仅是带着自己的军队离开了。张良看了这一幕，不禁喜从心来。

刘邦听了张良和樊哙的话，没有住进秦宫中，这是完全正确的。如果他住进秦宫，那么他的一大批起义将领肯定也会在咸阳城里四处寻找秦朝各级官吏的豪华住宅，作为自己的居住地，把秦朝官吏的那些腐败、奢侈的作风原封不动地接受下来。这样的话，这支军队很快就会失去进取的锐气，成为一支脱离百姓的军队，在以后刘邦与项羽的斗争中成为不堪一击的失败者。所以这件事虽然看起来是小事，却可能影响到后来的政治斗争格局。

刘邦的这些做法也让对手感到惊讶。项羽的谋士范增说："沛公在山东的时候，对财物极为贪婪，而且出了名的好色，可是，他一入关就像变了一个人似的，对财物不贪，对女色不恋：这说明他的志向可是不小呀！"

刘邦不愧为一代帝王，在樊哙、张良的劝说下，立马就认识到了自己的错误，听从他们的建议还军灞上。善于学习的刘邦对张良的一句"清廉朴素"想了好几天，他觉得自己能先项羽进入关中，并不是靠运气，也不是靠武力，而是身边有一帮聪明人，这帮聪明人给刘邦的军事教育就是"攻城为下，攻心为上"。他心里酝酿着一个想法……

还军灞上后，刘邦立即召集关中地区各郡县的父老豪杰，并向他们宣布诸侯与楚怀王的约定，先攻入关中者称王于关中。他先入关中，当然就是关中王。

接着他又与父老乡亲约法三章："原来秦朝残酷无道，你们受尽苦难，那样的日子到头了。乡亲们早就被严酷的秦朝法令害苦了。依照秦法，对朝廷有不满，要诛灭三族，几个人相聚交谈便要斩首，法令既多又残酷。现在我既然已经是关中王，就要在此与各位父老乡亲约定新的律令。新律令只有三条：杀人者要偿命，伤人者要治罪，偷盗者要判刑（也就是所谓的约法三章）。除此之外，秦朝的法律统统废除。原来的各级官吏，一律照常履行公务，不受任何干扰。这次到关中来，为的是替关中父老们除害，不是有所侵犯残害，大家都不必惊慌恐惧。我所以还军灞上，为的正是等待各路义军到达后，共同制定新的规约而已。"这话一说完，众人你看看我，我看看你，都面露喜色。

刘邦向关中父老宣布的约法三章，废除了秦王朝的严刑苛法，为关中百姓除害，老百姓又怎么能不拥护呢？之后，刘邦又派手下人与原秦国的官巡行关中各县、城镇、乡村，向关中百姓们广泛宣传以约法三章为核心内容的安民告示。关中百姓在经历残酷的秦律折磨后，闻知约法三章无不皆大欢喜，争相向刘邦的军队敬献酒食，慰劳刘邦部队的将士。

刘邦止不住内心的喜悦，然而有了前车之鉴，刘邦的头脑更清醒了，作出了更为高明的决定。刘邦对百姓敬献酒食的行为表示深深的感谢，但百般推辞，不予接纳，不愿让百姓破费，还声称仓库的存粮很多，军粮并不匮乏。这一系列举措，使百姓对其好感倍增，唯恐刘邦当不上关中王。

秦地的百姓非常高兴，议论纷纷。"沛公真是好人，对百姓太好了!。""咱们的苦日子结束了，拨开乌云见太阳了……"也有见识广一些的人担忧地说："听说沛公还在灞上等待各路诸侯会合，万一他们商量对策，沛公不在关中做王怎么办？"

这一年，刘邦五十岁。

得道多助，失道寡助。"约法三章"就是一个生动鲜活的例子。在进入关中后的短时间内，刘邦出色地实践了"得人心者得天下"这一真理。在楚汉战争中，刘邦能够屡败屡战，越挫越勇，最终以弱克强，打败不可一世的西楚霸王，就得益于关中百姓源源不断的支持。

秦末的反秦斗争中，陈胜没有留下立法性的文件和规定，项梁和项羽也没有留下，只有刘邦留下了这约法三章。秦法是反秦起义集中反对的秦暴政之一，各地反秦起义爆发之后，为什么没有留下废除秦法的记载？这可能是起义在政治上还不成熟的原因。刘邦怕他们继续推行秦法，所以才明确宣布了约法三章。不管出于什么原因，刘邦的这一做法显然比其他起义军高明和成熟，这也是刘邦最终能取得胜利的一个重要原因。

入关受阻，反目成仇

刘邦进入咸阳的同时，项羽也不示弱，章邯归附项羽，并被项羽封

为雍王，此时项羽认为河北大局已定，下一步最重要的是进军关中，与刘邦争夺关中王，以便掌握天下。

这时，刘邦身边的一位谋士向他建议说："关中是天下最富庶的地方，地势有利于攻守。如果章邯回到关中，恐怕您就称王不成。为了拥有关中，您应派重兵把守函谷关，不让项羽的大军入关，然后再广征关中各地兵源来增强自身实力，就可以拒项羽于关中之外，这里就是您的地方了。"刘邦听了他的建议，派兵把守函谷关。

没有几天的工夫，项羽的大军就到达了关中的门户函谷关外，此时的函谷关早被刘邦占领，并派重兵把守。

项羽看到这种情形，又听说刘邦已经接受了秦王的投降，而且还广纳秦军兵将，封闭所有入关通道。项羽对刘邦这些行为深恶痛绝，甚是恼火。他深知函谷关地形险要无比，正面强攻不但耽误时间，还不容易取胜，于是项羽命令英布带领一支小分队，从小路行至关后，从后方突然发起进攻。由于前后夹击，项羽大军很快攻破了函谷关。随后，项羽率领大军进驻鸿门。刘邦与项羽的大戏正式拉开帷幕。

项羽消灭刘邦镇守函谷关的军队正是项、刘对立的开始。在项梁领导反秦起义时，经常派刘邦和项羽配合进行军事行动，他们的合作一直很好，是一对默契的战友。随后，奉楚怀王之命，一个率军北上救赵，一个率军西征，这两支军队也是密切配合的。可是秦朝被推翻了，大家都对关中虎视眈眈，这两支反秦的主力军一接触，马上就变友为敌，互相成为新的敌对力量。

秦朝的迅速灭亡，使各路起义军失去了共同的敌人。虽然参加起义的士兵都热切渴望能够重返家乡，过幸福安宁的日子。但是，他们的领

第四章　西进入关，收复民心

袖却不约而同地将目标转向了大秦王朝留下的大好河山。灾难深重的百姓刚刚逃脱了残酷的压迫，就又要面对争权夺势的战争。

由于秦朝建立后，对秦国和关东六国旧有属地分别实行不同的统治策略，因而反秦起义爆发于关东地区。而关东各起义军多由六国旧势力构成，所以成分异常复杂，在战争中形成了大大小小上百个军事集团。一旦秦朝灭亡，他们必然依照自己的意愿进行统治。

在三年的反秦大战中，各地起义军经过不断的战争洗礼和分化组合，形成了具有代表性的六大军事集团：以楚怀王为首的楚国贵族军事集团，以赵王歇为首的赵国军事集团，以魏王豹为首的魏国军事集团，以齐王田荣为首的齐国军事集团，以韩王为首的韩国军事集团，以燕王韩广为首的燕国军事集团。而在这众多的军事集团中，尤以项羽和刘邦为首的楚军最强大。由于刘邦与项羽各自领导着一支强大的军队，双方均不服从对方的意志，因而斗争主要在他们之间进行。

刘邦大军的驻地距离项羽的军营较近，因此来往十分方便。

刘邦的左司马曹无伤看到项羽的实力雄厚，威震诸侯，为了私欲，想讨取项羽的好感，便派人前往鸿门面见项羽，将刘邦的一些具体情况例如刘邦欲做关中王、封秦王子婴为相、将秦宫珍宝据为已有等凡是涉及到刘邦大军的秘密，全部报告给了项羽。

项羽本来就对刘邦派兵镇守函谷关拒绝自己入关之事气愤不已，如今闻听此言，十分愤怒，想第二天即攻打刘邦。这时，亚父范增也建议项羽要抓住时机，急速出击，消灭刘邦。他再次向项羽说："刘邦本是一个贪财好色之徒，但是他入关之后，却未将金库据为己有，也未将秦朝的后宫佳丽纳为姜室，由此可见，他必有长远打算。"项羽同意范增的建议，命令部队第二天展开对刘邦军的进攻。

张良当年曾经救过项羽的叔父项伯的命，因此项伯平时和张良十分要好。项伯听说项羽决定进攻刘邦，就担心张良受害，便连夜骑马赶到刘邦军中私会张良，将项羽准备攻打刘邦的事情告诉了张良，并且劝说张良随他逃命。然而张良因为奉韩王之命，送刘邦入关，今日刘邦身处危难之中，出于道义也不能悄悄逃走。于是，张良借口要向刘邦辞行，把项伯所说的一五一十地告诉了刘邦。

刘邦听了大惊失色，忙问张良这件事情该怎么处理。张良没有正面回答，反问刘邦是否能抵挡住项羽的进攻。刘邦坦白地说不能，张良说："我也这样想。敌方势力强大，我们不能与其硬拼，只能忍辱负重，向项羽示弱，因此，主公应该先向项伯表明自己忠于项羽的决心。"他认为当前最主要的是想办法消除项羽对刘邦的猜忌，让他自动放弃攻打刘邦的打算。要想实现这个目的，就得靠项伯这个关键人物。

依据眼前的形势，张良帮助刘邦想了个釜底抽薪的主意：他让刘邦去告诉项伯，说自己是不敢背叛项王的。刘邦赞同张良的看法，问张良与项伯谁的年龄大？张良说项伯长他几岁。刘邦听后就让张良代自己将项伯邀请到帐中，并且告诉项伯自己要以兄长之礼对待他。张良按照刘邦的意思，一再请求项伯面见刘邦。项伯不好推辞便进入帐中，刘邦亲自起身为项伯斟上美酒，为了争取项伯的支持，还要与项伯结成亲家。头脑发热的项伯自然高兴，就多饮了几杯酒，刘邦见项已有醉意，便委屈地说道："我自进入关中后，连极少的财物都不敢据为己有，金银珠宝、珍玩美器全都记录在册，登记封存，以等待项将军的到来。另外，我之所以派遣官兵去把守函谷关，那是为了防备盗贼和意外发生。我日日夜夜盼望着将军的到来，又怎敢反叛呢！希望您将我的心意告诉项将军，我并非忘恩负义之人，绝不会背叛将军的。"一席话说得项伯信以为真，便交代刘邦道："你明天一定要早一点亲自来向将军谢罪。"

项伯连夜驰回鸿门，把刘邦的话转告给了项羽，接着又说："如果不是刘邦先破关，你怎么能进关呢？如今人家有了大功反而要攻打人家，道义上讲不过去。只要他道个歉就行了。"项伯稀里糊涂做了刘邦的说客，项羽为之所动，遂决定暂不进攻刘邦，但却与范增拟定在鸿门摆宴，借招待刘邦之机，杀死刘邦。

刘邦明知此行危机重重，但又不得不去，真是进退两难。张良心知刘邦必会为此事为难，便精辟地向刘邦分析了项羽其人。听了张良的一番话，刘邦决心深入虎穴，坦然赴宴。

鸿门之上，险些丧命

刘邦自知并非项羽的对手，为了取得项羽的谅解，他按照项伯的意见，第二天一早就赶到鸿门，亲自来向项羽"谢罪"。他怕引起项羽的猜疑，只带了一百多名卫士。

到达鸿门后，只见军中旌旗招展，戒备森严。来到项羽帅帐时，宴席已上，座位已定，上席坐着项羽和项伯，次席坐着范增。刘邦被安排在范增对面的席位上，张良则被安排在末席，身后便是帐门。

见到项羽，刘邦不等发问，就主动向项羽解释说："我与将军协力攻秦，你率军北上解赵国之围，我率军西征。想不到我能先率兵进入关中，本想在咸阳与将军会面，一起庆贺反秦的胜利。可现在有一些小人制造谣言，挑拨你我之间的关系，使我们之间产生了误会。"

项羽被刘邦的好话冲昏了头脑，竟然说："所有的事情都是你的左司马曹无伤对我讲的，不然的话，我怎么会这样呢？"一旁的范增闻听此言，吃惊不已，顿时脸色大变。

可见项羽有多么的鲁莽，他如此一说，等于把投奔自己的曹无伤送上了绝路，以后谁还敢向他通风报信呢？

接着，项羽明确表示将撤销命令，不再攻打刘邦。刘邦听出项羽气已经消了不少，自然欣喜万分。

看到项羽原谅了刘邦，范增十分生气。范增一心要杀刘邦，以除后患，频频给项羽递眼色，又屡屡举起身上戴的玉佩，示意项羽按原定计划杀死刘邦。但项羽轻信了刘邦的解释，对范增的示意不予理会，劝刘邦多喝酒，多夹菜。

项羽是一位乐于公开在战场上通过交战来决定胜负的英雄，亚父范增教他在酒宴上暗中下手杀死刘邦，这使项羽心中颇有几分不满，同他素来的禀性有些格格不入。然而，项羽也觉得军师是为自己着想，不得不表示答应。但是，在项羽的心中，自前夜项伯从刘邦那里回来后的一番劝谏，对如何处置刘邦已是犹豫不决。善于言辞的刘邦，见面以后以赔礼道歉的形式与项羽重温当年并肩同秦军作战的友谊和分手后的离别之情，使项羽不由得颇有缅怀往事的感慨。刘邦在道歉时点出了有小人挑拨离间，这反而使对朋友向来坦诚的项羽觉得有几分对不住刘邦。在这种心情之下，项羽又怎能对范增的暗示做出反应，动手杀害刘邦呢！

此时的范增已被气得脸色大变，忍无可忍，起身出去，叫来项羽的弟弟项庄，对他说："主公心肠太软，你进去，就说献酒祝寿，然后请求舞剑，趁机刺杀刘邦，决不能让他跑了。否则，我们都将成为他的阶下囚。"交代完毕，范增复回宴席。

项庄从小擅长舞剑。他听了范增的话，就进入帐内，向项羽和刘邦等人敬酒道贺，然后对项羽建议："您在军中没有什么可助兴的，我愿献丑舞剑，为大家助兴，"项羽认为这个主意倒是不错，所以痛快答应了。项庄拔剑起舞，在刘邦面前摇晃起来。项伯看出猫腻，放下酒杯，对项羽说："我也来凑趣。"说着，也拔出剑来，与项庄对舞。项伯一边舞一边用身体保护刘邦，项庄始终没有机会下手。刘邦看得胆战心惊，不停地用目光向张良求救。

张良也非常着急，项羽虽然不杀刘邦，但是范增杀刘邦的意图很明显。他赶紧退席走到军门，叫来樊哙。樊哙早已等得不耐烦了，见到张良迫不及待地问："怎么样？"张良说："十分危急！现在项庄正在舞剑，借机杀害主公。"樊哙听后，也顾不得什么礼节，就带着剑和盾直进军帐，守门的卫士要阻止樊哙，樊哙用盾把卫士全部撞倒在地，闯进大帐中，站在张良身后，怒目而视。

项羽正在看舞剑，突然见到一个大汉闯了进来，十分吃惊，伸手握住宝剑，问刘邦："这人是谁？干什么的？"张良在旁替刘邦回答说："是沛公的护卫樊哙。"项羽有力能扛鼎之名，素来崇尚武艺，看到樊哙身高体壮，不由得称赞道："真是一名壮士！赏他喝酒！"樊哙向项羽拜谢后，一饮而尽，给人一种十分豪放的感觉。项羽从来没见过如此爽快的人，心中高兴，又赐他一只生猪肘。樊哙也不含糊，反扣盾牌，把猪肘放在上面，拔出剑边切边吃。项羽表现出很大的兴趣，问："还能再喝吗？"樊哙大声说："我连死都不在乎，一杯酒算什么！"

樊哙原本是屠夫，五大三粗，嗓门也高，对刘邦忠心耿耿，刚才一杯酒下肚，情绪便激动起来，说："秦人心怀虎狼之心，杀人如麻，刑法残酷，所以大家都起义反秦。怀王在起兵前曾与诸将相约，'先破秦入咸阳者王之。'现在刘邦率军先入咸阳，却封闭了秦的宫室和宝库，丝毫不敢动，驻军灞上，就是等待您的到来。所以派人镇守函谷关，是防备敌人偷袭。刘邦有这么大的功劳，还不能得到封侯，而我却听人在背后议论，您想杀死这样的有功之人。我想您不会这么办。"樊哙慷慨陈词，刘邦听得都觉得十分感动，张良听了也暗暗称奇，没想到樊哙还有这口才。项羽听了樊哙的这番话，无言以对，好久才对樊哙说："请坐。"樊哙于是坐在张良的身后。

酒过三巡，刘邦见形势有所缓和，就借口起身上厕所，顺便把张良和樊哙也叫出来了。刘邦待在厕所，心想：如今生死一线，凶多吉少，如果不是项伯，自己恐怕已做了剑下亡魂，不行，得想个法儿逃走。樊哙也建议刘邦马上离开楚军大营，于是刘邦决定不辞而别。

刘邦让张良留下，对项羽的款待表示感谢，并解释自己离去的原因。张良问："你带来礼物了吗？"刘邦说："我带来白玉璧一双，打算送给项羽；玉斗一双，想送给范增。因为看见气氛紧张，没敢拿出来。请你代我送给他们吧。"

张良说："事不宜迟，留在这里凶多吉少，您赶紧离开吧，这里交给我就行了。"鸿门距灞上约四十里，刘邦为了不引起项羽注意，不坐

鸿门宴遗址

来时的车骑，只带着樊哙等四人，穿过骊山后的小道，顺着小路离开。刘邦怕项羽发现自己逃走后派兵追击，临行前对张良说："我从小道走，到我们的军营不过几十里。你估计我们差不多要到军营后，再进去向项羽说明。"

项羽左等右等也不见刘邦回来，就派陈平去叫刘邦。这时，张良估计刘邦已返回灞上，就向项羽道谢说："沛公酒量很小，今天见到您，一高兴喝得多了，不能亲自向您告辞了。"说着又将白璧一双捧上，恭敬地献给项羽，另外玉斗一对，诚恳地献给范增。项羽关心地问："刘邦醉得咋样？现在哪里？"张良答道："听说大王有意责怪他，他就一个人走了，现在已经回到了军营。"项羽心想：刘邦溜得倒是很快呀，自己其实已经放过他了，打了这么长时间仗，老是杀人也没啥意思。范增表现得很激动，接过玉斗扔在地上，拔出剑来把玉斗砍碎了，愤然骂道："项庄这臭小子，干不成大事。项王的天下，将来注定是刘邦的。我们等着做俘虏吧。"

刘邦回到军中，立即诛杀了曹无伤，一场从天而降的大祸就样被刘邦幸运地逃过了。

刘邦虽然逃过一死，但是关中王的梦想破灭了。鸿门宴是刘邦、项羽之间最为精彩的一场戏，楚汉之争就此拉开了帷幕。

长久以来，人们一直不懂为何项羽不听范增的建议，果断地杀死刘邦。其实，这与项羽的性格有极大关系。项羽出身楚国豪门大族，有着引以为傲的血统，再加上勇猛无比，所向无敌，在反秦的历次大战中战无不胜，建立了无人能及的功勋。项羽对刘邦这种出身平民的下等人是看不上眼的。鸿门宴中，刘邦之所以能够逃脱，并不是因为项羽愚蠢到识不破刘邦等人的虚假，而是因为项羽不屑于将刘邦看作能与其争天下的对手。

险象环生的鸿门宴，最终以刘邦安然脱身的戏剧性情节谢幕。属于刘邦集团的张良、樊哙等人，周全谋划，团结一致，最终保护了刘邦；而属于项羽集团的范增私自行动，项伯更是被张良一次次利用，内部意见没有达成一致。两者比较，优劣可见。项羽在鸿门宴上放走刘邦犯了一个战略性错误，放虎归山，埋下祸根。甚至可以说：鸿门宴是项羽由辉煌走向人生末路的转折点。

霸王分封，以退为进

一场惊心动魄的鸿门宴，以刘邦等人的机智和胆略终于化险为夷。

在鸿门宴上，项羽之所以始终没有同意范增斩杀刘邦的建议，其妇人之仁是一方面的原因，最直接的原因还是刘邦接受了他提出的所有条件。在鸿门宴之上，项羽提出了诸多苛刻的条件，要求刘邦将咸阳和关中交由自己管辖，将秦朝遗民全部交由自己处理，同时要求刘邦驻军灞上，但只能带领原先的部队，而且要听令于自己。刘邦都爽快地答应了，项羽对此还是很满意的。

项羽进入咸阳城后，并没有被咸阳城富丽堂皇的宫殿所迷醉，反而回忆起当年楚怀王（历史上有两个楚怀王）被骗入秦最终客死他乡以及项梁惨死的往事，这些国恨家仇让他对秦朝愤恨不已。大怒之下，项羽在处死子婴后，又放火焚烧秦宫，大火一直烧了三天三夜。

在大火熊熊燃烧之时，项羽就按照自己的意图开始论功封赏，划分战后的版图，安排天下的秩序。项羽经过与谋臣们的一番商定，开始实施他拟定的分封方案。项羽"自立为西楚霸王，封了梁、楚地九郡，都彭城。"这也是原楚国旧地。项羽为自己安排了最大的一块封地，又以"西楚霸王"的名号表明自己凌驾于诸侯之上的地位。为了不将刘邦分封到富庶的关中地区，又使自己不至于背上"负约"的恶名，项羽与范增商议将刘邦分封到了巴、蜀等秦国旧地，要刘邦到重山阻隔的川地做汉王。项羽、范增等人认为，川地虽距关中较近，但是中间有绵延群山，行动多通过栈道，不利于争天下。同时，又将三位秦降将分封至关中地区，构成了刘邦东进的屏障。

项羽分封完毕，便命令诸侯们前往各自封地。诸侯们虽有不满，但在项羽的威慑下，最后都率部赶往自己的封地。与此同时，项羽也率部返回老家彭城。他的所作所为，使百姓们失望至极。

这时，韩生向其建议说："关中山河四塞，土地肥饶，可以称霸。"的确，关中地区人口众多，土地肥沃，物产丰富，四面有险可守，进可以争霸天下，退可以自保，确为建都的理想之地。但是，项羽对这个建议却不予理睬。他感慨道："富贵不归故乡，如衣锦夜行，谁知之者！"韩生听罢，骂项羽心胸狭窄、不可理喻，结果被项羽烹杀。

其实，分封天下只是项羽的缓兵之计。项羽在返回都城彭城后，派人向怀王传达迁往长沙郡的命令，并暗中派人将怀王截杀于大江之中。项羽又以韩王成无军功为由，不准其返回自己的封国。他先将韩王成带至彭城，不久就将其杀害。项羽的这些作为引起了天下诸侯的反感，各地接二连三地发生反叛事件。当项羽高兴地衣锦还乡，准备享受霸王的荣华富贵之时，看到的却是刚刚平静的天下再起战火。

项羽违背前约，将刘邦分封到了四塞之地的巴蜀做汉王。面对项羽这一极不公平的安排，刘邦召集文臣武将，谋划在关中与项羽拼个你死我活。刘邦的部将们比刘邦要冷静得多。大家均不同意，张良、周勃、灌婴、樊哙等将领轮番前来劝阻，希望刘邦不要行此下策。萧何面见刘邦，陈述当前形势，并认为唯一的稳妥方法，就是暂时隐忍不发，屈就汉王之位。

萧何精辟地分析了当时天下的形势，指出了敌我力量对比悬殊的情况下，攻击项羽只能是死路一条。并巧妙地举出了历史上汤、武二位圣王如何在困境中暂时"屈于一人之下"而后来又"伸于万人之上"的事例来宽慰和提醒刘邦，使刘邦的一时激愤顿时化为乌有，在此基础上又为刘邦提出了一条"养其民以致贤人，收用巴、蜀，还定三秦"的建议，这一席话拨亮了刘邦心中的明灯，刘邦终于高兴地说："讲得太好了！"

刘邦听取萧何的建议，率大军离开关中，前往汉中。张良建议"汉王烧绝栈道，示天下无还之心，让项羽放心"。刘邦依张良所言，一边前往汉中，一边烧毁了栈道。

刘邦照做后，张良赶去对项羽说："现在汉王已经前往封地，而且将通向外边的栈道全部焚毁了，可见他决定常驻汉中。如今田荣起兵反叛，我建议您立即率军镇压。"项羽听后，表示赞同。从此他不再派人监视汉王，而是率军前去讨伐田荣。

项羽分封时，拨给汉王三万兵卒，刘邦原有十万兵卒，现在竟只给他三万，随同他前往汉中。在秦末起义军的众将领中，汉王刘邦毕竟是一位声望甚高、宽厚仁慈、有长者之风的人。当他前往汉中就任时，楚与各路诸侯中因仰慕而甘愿随从往汉中的，竟有数万人之多。这对于刘邦来说，无疑是精神上的一大安慰。刘邦率所有人马前往汉中，所经由的路线从《史记·留侯世家》"良送至中"的记载来看，汉王是从杜南，经蚀中，然后西行到达眉县，由县西入斜谷，经斜谷由关中到达汉中。

在进入斜谷之前，刘邦所率领的将士们一路西行。途中，这些士卒，仰望南面那横亘东西的秦岭，远方那层峦叠翠、耸入云端的高山，听说山峦的那边便是汉中，心中顿生迷茫之感，真不自己所要奔往的去处，会是怎样的一个世界。不必说，在这一段西行的路上，将士们的心情是低沉的，人人少言寡语。

至于汉王刘邦，一路上也是感慨万千。他总是用萧何的劝谏，来驱散时时袭来的无名烦恼；又幸亏有张良等人一路陪同，或指指点点，谈笑风声，或倾听张良讲述兵法，谈古论今。在部下将士们看来，他们的汉王如此神态自若，真是他们的安危和希望所系。

张良一路陪伴汉王刘邦到达褒中（今陕西勉县东北），至此张良自从离开韩王辅佐刘邦入关，已整整一年。根据原先的约定，他不得不向刘邦辞别，回去辅佐韩王。

从褒中南行数日，刘邦终于从秦岭中间的谷道中走出，呈现在他们眼前的汉山、汉水是那样的碧绿清澈，绿树和小溪所环绕着的，一块块的水田之上，早已插种上了水稻的秧苗。这时，刘邦和他的将士们才个个喜笑颜开。他们好奇地观看汉中的景物，与家乡确实是有些不大相同；但同从关中到汉中的一路行军比较起来，将士对汉中倍感亲切，感到自己确实是又回到了人间。

到达汉中后，刘邦立即任命萧何为相，曹参、樊哙、周勃为将军。同时，他下令发展生产，操练士卒，开始为将来争霸天下做准备。萧何为相后，迅速简编官吏，全力治理汉中地区。正是因为萧何的励精图治，使得汉中这一大粮仓成为刘邦日后争夺天下，数次面临全军覆没之险时支柱，汉中真正成为了刘邦与项羽争夺天下的战略要地。汉朝建立后，正是因为萧何的这一功勋，刘邦力排众议推尊萧何功劳第一。

项羽在咸阳城的焚烧秦宫，已使其丧失了民心；在分封诸侯时，任人唯亲的行为更引起了很多人的愤慨，注定他难成天下之君。

第五章
楚汉之争，以智取胜

　　无实而求大名者必有大祸，实力不足的时候，强自出头，就是为自己制造祸端。忍辱负重是一种谋略，而不是苟且偷生。刘邦在入关以前，怀王与诸将相约："先入关中者王之。"刘邦不负众望，先行入关，但不想遭到项羽的嫉妒，被项羽分封到偏远的汉中。刘邦自知不是项羽的对手，就默默来到汉中，文靠萧何，武靠韩信，治理汉中，整军备战，准备在羽翼丰满的时候给项羽以还击，这在当时的情况来说不失是一种上上策。

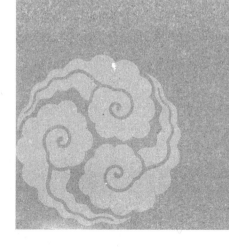

明修栈道，迷惑章邯

鸿门宴之上，刘邦依靠自己的智囊团，瞒骗了项羽，作出臣服的姿态，化险为夷，终封为汉王。但刘邦为此并不满意，项羽违背先前楚王与群雄的约定，没有给刘邦他最想要的关中地区，而是给了他称得上边险地区的巴蜀一带。

几个月来，刘邦想来想去，都感到自己窝囊透顶。他回顾一下自己这几年的战争经历，更是愤愤不平。

项羽不守约定，把刘邦分封到偏僻荒凉的汉中，就是考虑到刘邦有可能会成为自己的竞争对手。刘邦做梦都想争霸天下，但苦于自己的力量弱小，只能隐忍不发，以屈求伸。张良目光远大，定下烧毁栈道之计，对项羽产生了很大的麻痹作用。项羽放松警惕之时，汉中英杰们正积极准备实施"还定三秦"的计划。

刘邦坐镇汉中之后，文靠萧何，武靠韩信，治理汉中，整军备战，精心按照北出南山、收复关中，东出函谷关、进兵中原的计划而筹备，楚汉战争的大幕终于缓缓拉开了。

韩信拜为大将军后便开始整训军队，为刘邦实施挺进关中的计划作准备。刘邦认为，自己东征的第一关就是突破雍王章邯的把守。于是，刘邦找来丞相萧何和韩信商议此事，韩信为刘邦出了一条为后人所津津乐道的计策：明修栈道，暗渡陈仓。

再说，项羽动身去彭城的时候，给留在咸阳的章邯下了一道密令：严密监视刘邦的动向，一旦发现其有异常举动，立刻兴兵讨伐。当时，雍王章邯封地在咸阳西，国都在废丘（今陕西兴平东南），是刘邦东进的第一道封

项羽像

锁线。章邯觉得刘邦走时烧掉了栈道，再要杀回来，并不是那么容易，项王有点神经过敏了。

关中入汉中，除斜谷外，还有一条通道，称"陈仓道"（陈仓原是秦朝屯集粮食的官仓）刘邦如果东进必须要经过陈仓，章邯就派兵把守，但是考虑到栈道被烧毁还没重修，不能通行，所以没有放在心上，只设了简易哨所。

韩信让樊哙、周勃等人率领士兵和役夫风风火火地去修复被烧毁的栈道，转移章邯的注意力。

这个工程庞大，很快传到章邯的耳朵里。章邯笑着说："山高路险，栈道又那么长，烧毁容易，筑起来难啊。就那么几百人，能顶什么事？刘邦想要东进，当时又何必烧掉栈道，真是笨得够可以的，我看他到底何年何月才能修好栈道。"章邯根本没有把修栈道这件事放在心上。但他哪里

知道，这只是韩信为顺利进入关中而设计的一个圈套而已。

韩信对攻破章邯之军的征战是非常重视的。一方面，他认为章邯是三秦旧将中实力最强、威望最高的，又扼守汉中进入关中的咽喉斜谷口与陈仓，是汉军夺取关中的最主要的障碍。另一方面，此战为汉军进军关中的首战，战斗的胜负关系整个楚汉战争的全局，不能有半点马虎。因此，韩信对此战进行了精心策划。除由他指挥汉军主力正面突击外，还至少安排了大小不等的六支偏军协同作战。

八月，一切布置就绪，刘邦命萧何留守巴蜀和汉中，自己和韩信率领主力军从南郑出发，分次分批顺着秦岭山脉的秘密古道直奔陈仓。陈仓的守军都是跟随项羽打过天下的，如今分完诸侯，觉得天下太平了，就整天喝喝酒、赌赌博，消磨光阴。当韩信率大军奇迹般冒出来时，他们一下子陷入惶恐之中，仓促迎战。韩信蛰伏多时，终于有机会建功立业了，勇猛非凡，在汉中窝囊了一段时间的汉军像出了笼的猛虎，直扑陈仓守军。守军毫无招架之力，没有坚持多长时间就被汉军冲散了，陈仓轻而易举地被韩信拿下。

此时，章邯还被蒙在鼓里。章邯为人自负，从不把刘邦这类草莽放在眼里，听说刘邦拜韩信为大将军更是嘲笑刘邦愚蠢至极。现如今，章邯才发现中了刘邦的计，他赶忙率军迎战，但为时已晚，汉军不费吹灰之力便取得了胜利。

章邯一到陈仓，觉得大事不好，汉军真的是士气高涨，十分威猛。韩信早就做了战前动员："拿下陈仓，灭了章邯，咱们就能回家和父母妻儿团聚了……"这一句话的威力非常大。当时，这些兵士心不甘情不愿地跟刘邦去汉中，又看到刘邦烧毁栈道，都觉得回家无望了，但是刘邦又下令暗渡陈仓，又能回家了，谁不奋勇杀敌呀！

陈仓陷落后，章邯惊恐万分，心想，项王当初下密令让我看着刘邦，现在汉军在我眼皮子底下打到了陈仓，我如何向项王交代呀！于是，一面退守，一面派人向司马欣等人求救。然而援军迟迟未到，章邯只好再将军队退入废丘。汉军在击败章邯的主要力量之后，只留了一小部分兵力围困章邯的孤军，使其无法干扰刘邦的其他计划。与此同时，主力部队越过废丘向咸阳进发。汉军胜利地打响了整个楚汉战争的前奏战，同时使塞王司马欣与翟王董翳成为惊弓之鸟。

不久，司马欣、董翳相继投降。不足两个月，除章邯孤军困守的废丘之外，关中大部分地区都被刘邦占领。韩信暗渡陈仓的妙计，使汉军占领了关中六郡，为刘邦与项羽争夺天下打下了基础。

项羽分封的关中三王不得民心，刘邦仅在不足一个月的时间里，就突破了项羽设置的关卡，进入关中，不仅使项羽始料不及，连刘邦自己都非常意外，但这一切却在韩信的意料之中，这正是韩信的过人之处。刘邦进入关中，时机恰当，使他在与项羽的斗争中，变被动为主动。这个胜利虽然没费周折，却是刘邦日后取得胜利至关重要的一步。

"明修栈道，暗渡陈仓"，在敌人意想不到的地点发起袭击，韩信首战告捷，具有重要的战略性意义：一是刘邦得到了一个稳固可靠的后方基地，这个基地一直到垓下之战，都源源不断地支持着汉军主力；二是鼓舞了汉军的斗志，增强了刘邦打败项羽的决心。韩信在这一战中扬名天下，成为秦末历史舞台又一个耀眼的人物。

项羽将巴、蜀一带分给刘邦，本来是想借巴、蜀环境恶劣、交通不便来削弱刘邦的力量，让他不能再与自己争天下。可是，项羽算计了半天还是算不过韩信！

樊哙率兵对困守废丘的章邯发起猛烈攻击，但章邯顽强抵抗，樊哙屡攻不下。韩信随后同萧何的部队到达关中。韩信一来，亲自指挥。这时正是废丘多雨时节，韩信便让樊哙堵住雍河，引水淹灌。由于雨大，河水水流湍急，迅速涌进废丘城。章邯看自己必死无疑，就自杀了，其属下兵将向樊哙投降了。至此，关中已完全被占领。当年楚怀王关于"先入关中者王之"的前约，刘邦在灭秦一年后实现了。

关于韩信水淹废丘之战，史料记载极简单，但它的意义非同寻常，不可低估，因为这是中国历史上有文字记载的最早的主动利用河水攻城的战例。从这时开始，韩信特别善于利用江河水流克敌制胜，破魏之战，是利用声东击西之计以木缨渡过黄河天险而攻灭魏；井陉之战也是借助河流以背水阵而大破赵军；潍水之战则是用筑堤阻塞河流，趁敌军渡河时突然移开沙袋放水，借此打败楚军。在短短四年的楚汉战争中，韩信指挥的重大战役竟有三个与水有关。

刘邦顺利地攻占了关中之地，在昔日秦王朝都城咸阳树起了王的大旗。这个胜利尽管并没有经历太多的波折，却具有重大意义：八百里秦川，物产丰富，人口稠密，地势险要，易守难攻。周据此东征，灭商取天下，创八百年基业；秦继之，嬴政亦凭借此取天下。项羽不听韩生之言，放弃在此建都，铸成大错。

刘邦能迅速攻取关中的原因主要是：第一，刘邦为此作了充分的准备。自入驻汉中后，任用萧何、韩信等人全力整军备战，一面收取蜀，使之与汉中连成一片，巩固后方；一面加紧训练士兵，从而使曾经的"杂牌军"汉军的实力与军事素质得到明显提升。第二，刘邦用张良之计，进入汉中后忍痛烧掉了栈道，对项羽等人产生了较大的麻痹作用。项羽将防御刘邦的任务全盘交给三个秦朝降将，而自己并没有在关中地区留下一支足以抗衡汉军的队伍。

俘获人心，攻取彭城

刘邦进入关中后，由于咸阳已经被项羽烧毁了，刘邦就把都城建在了栎阳（今陕西省西安市阎良区），并采取了一系列措施发展经济，拓展势力。

第一，满足农民的土地要求。刘邦下令把原来秦朝时供皇家游玩的苑囿全部分给农民，让他们开垦为农田。

第二，减免租税。为了进一步巩固根据地汉中地区的政权，也为了感谢这些地区百姓对汉军的支持和帮助，刘邦减免了汉中地区两年的租税。

第三，制定新制度。刘邦为了稳定税收，建立了户籍制度；废除了秦时不合理的法律制度，制定新法令，并大赦犯人。此外，刘邦还废除秦朝时的宗庙社稷，建立了新的汉社稷。

第四，免士兵赋役。刘邦为了增强自己的兵力，吸纳更多人参军打仗，鼓舞士兵的士气，决定免除士兵家中一年赋役。

第五，奖励反秦起义时的有功百姓和将士。只要是立了功的将士，都赐以爵位；只要是降服了一万人或攻打下一个郡的将军，都封为万户侯。

第六，择立三老。刘邦规定各乡举荐一位五十岁以上有声望的老人为乡三老，负责向地方政府反映群众意见。再在乡三老中选出县三老，免其徭役，协助地方政府工作。这样一来，百姓和地方政府就有了沟通渠道，可以使政权更稳固。

由于萧何最擅长搞建设，于是刘邦就把建设汉中的任务全权交给了萧何。萧何没有辜负刘邦的期望，先后采取了一系列有效的措施，很快就使汉中地区发展起来。刘邦带兵在外拼杀，萧何把大后方治理得井井有条，还在刘邦最危急的时候，给予他人力、物力的支持，助刘邦一臂之力，这也是刘邦后来能顺利战胜项羽的重要因素。

刘邦占领关中后，势力进一步发展。

河南王申阳原来是张耳的下属，刘邦想利用这层关系，让张耳劝降申阳。张耳投奔刘邦后，刘邦本来就待他不薄，这次为了让他顺利完成任务，还把自己的女儿许给了他的儿子，张耳当然很乐意。这样，刘邦不费吹灰之力就拿下了河南王的封地，并改为河南郡。

郑昌把守武关，挡住了刘邦的去路，刘邦派韩国太尉韩信，带兵出征武关，打开通道。郑昌没什么实力，刘邦很快就占领了韩地。

接着，刘邦又相继攻占了陇西郡（今甘肃一带）、北地郡（今西北部和宁夏一带），并擒获了章邯之弟章平。

魏王豹被项羽封为西楚王，以河东郡（今山西南部）为封地。魏王豹对项羽当年占领了他的领地，并让他迁至现在的封地怀恨在心，所以面对刘邦大军的进攻，魏王豹归顺了刘邦。

刘邦又进攻河内，俘虏了殷王司马卬，将其封地改为河内郡。

刘邦趁项羽不备，势力范围不断扩展，包括今陕西、四川、河南、山西南部、宁夏和甘肃东北地区。

与刘邦实力日益增强相比，项羽却开始走下坡路，形势对项羽越来越不利。他分封的十八诸侯王里，有的被刘邦消灭，有的被刘邦劝降。这种局面让人不得不为项羽捏一把汗。项羽虽然在军事方面占有一定优势，但他实在不善于搞政治。一个团队内部的瓦解是致命的，项羽恰恰没有意识到这一点。项羽还有一方面不及刘邦，他不但不善于识别人才，还留不住人才，他身边有能力的人个个离他而去，大部分都投靠了刘邦。想成就伟业单单靠骁勇是不行的，更多的是靠谋略，并且各方面的素质都要具备，而这点刘邦做得很出色，所以最终走向成功。

汉三年（前204年），阳春三月，天气非常好，刘邦心情也非常好。从荒凉的汉中到关中，刘邦一路打来，都没有和项羽正面交战，又有韩信的帮助，刘邦遇到的抵抗几乎都不堪一击。刘邦在项氏大旗下委屈了这么长时间，早就看烦了项羽的脸色，下一步势必要迎来与项羽的大战，痛痛快快打一仗也好出出恶气。

取得初步胜利后，刘邦的第二步战略启动。刘邦信心满满，斗志昂扬，率军从临晋渡过黄河，攻打殷国，俘虏了殷王，殷地收入囊中。之后，刘邦再接再厉，决定率大军与项羽决战。

到洛阳后，刘邦陆续听到各种传言，有的说义帝已经死了，有的说义帝无缘无故失踪了……急于称霸天下的项羽杀死了义帝？刘邦心想：这项羽不会干这种傻事吧，就算义帝再碍事，也不能杀他呀，这是搬石头砸自己的脚。但刘邦不知道项羽急于称霸天下，已经顾不了这么多了，就是做了这样的傻事。

没几天，刘邦派出去打探的人回来，纷纷证实了这个消息：义帝果然被项羽杀了！

在战争中成长起来的刘邦一下子就意识到这条情报的巨大价值。天助我也！刘邦几乎没有和自己的智囊团商量就决定了怎么做。

这日，刘邦帐中突然传来悲恸的哭声，萧何、曹参等人得到报告，着实吓了一跳，赶紧跑到刘邦处。只见刘邦袒露左臂，正鼻涕一把泪一把地大哭。大家你看看我我看看你，都不知道怎么回事。这时刘邦边哭边说："义帝呀，你死得好冤呀……"这时众人才明白刘邦为什么哭，心中的石头落了下来。众人纷纷上前劝说道："主公，节哀……"刘邦好不容易哭完，擦擦鼻涕眼泪，然后下令为义帝举行隆重的发丧仪式。刘邦哭得声音之大，让好多汉军都听到了，都私下里称赞汉王"真是忠孝仁爱"呀。

发丧仪式举行的同时，刘邦也命人写了一则通告，并派使者送到各个诸侯手中。通告说："天下共立义帝，奉为九五之尊。如今项羽放逐义帝并在江南杀了他，真的是大逆不道。我亲自为他发丧，希望各路诸侯也穿上素服丧衣，送义帝一程。接下来，我打算率领关中所有兵士，聚集河南、河东、河内三郡的兵马，向南沿长江、汉水而下，望各路诸侯和我一起，共同讨伐楚国杀义帝的人，为义帝报仇！"

醉翁之意不在酒，这份发丧通告，当然是刘邦精心策划的伐楚檄文。天下有多少人不满项羽呢？数也数不清，坑杀俘虏，骚扰百姓，封王不公……项羽确实得罪了不少人，但大家都是敢怒不敢言，找不到一个理由，这个时候刘邦振臂一呼，谁不把握这个机会？在这篇檄文里，项羽变成了天下公敌，刘邦占据了道义优势，替天行道，师出有名。刘邦巧妙地借"讨逆"之名为自己向东扩张、争夺天下找到了合理的理由，反楚的力量顿时联合起来。

这时，项羽正深陷齐国。项羽是想先消灭了齐王田荣，再对付刘邦。田荣打不过项羽退到平原（今山东平原县），当地人对他欺压百姓十分憎恨，就把他杀了。本来这些人是想投奔项羽的，但项羽大军却烧毁了齐国都城，屠杀投降的士兵，激起了齐国人民的愤恨。一场殊死斗争开始了，项羽屡屡攻打都不能得胜，形成了对峙的局面。

此时，反楚大军人数有近六十万人，但都是一些乌合之众，是临时拼凑起来的。刘邦为了更好地统率这支乌合之众，鼓舞士气凝聚军心，不断地说："前面就是彭城，金银成堆……"下面的将领听了都觉得刘邦的话是有言外之意的，心想到了彭城就可以大展手脚了。各路兵马怀着种种想法和猜测，奋勇杀敌，期望早日到达彭城。刘邦的伐楚大军非常顺利就包围并一举攻破了彭城。

霸王出手，彭城陷落

刘邦轻取彭城后，为自己取得的巨大胜利而陶醉。楚国宫殿里美女如云，珍宝数不胜数，把刘邦迷得晕头转向，飘飘欲仙。反楚军上下每天举行庆功酒宴，吃喝玩乐。士兵们也乱了秩序，在彭城烧杀抢掠、奸淫妇女。刘邦此时早把身在齐国的项羽抛到九霄云外去了。

刘邦此次千里远袭，轻取彭城，完全是由于楚军的失误而侥幸获得的胜利，楚军主力并未受到任何打击。项羽实力仍然完好无损，一旦项羽回师攻击，反楚军将遭遇一场空前的恶战。此时的刘邦却已经产生了骄兵之态，对于自己军队的缺点和不足也缺乏清醒的认识。在刘邦的这支大军中，除去自己的主力军外，其余军队均为乌合之众。除去一小部分汉军主力外，其他战斗力并不强。而且，汉军远离关中上千里，后勤已经处于崩溃的边缘，而此时的刘邦却天天在楚宫中飘飘欲仙。

可是项羽的头脑还是清醒的。当他在齐国的前线听到刘邦攻占彭城的消息后，格外镇静。他让部将继续围攻困守齐军，自己亲率三万精兵，连夜经鲁县（今山东曲阜市）、胡陵至萧县（今安徽萧县），切断了反楚军的西退之路，然后以萧县为中心，攻击刘邦的后方，反楚军由于连日放纵，毫无斗志，战斗力大减。被突如其来的攻击打得落花流水，那叫一个惨。

楚军追到灵鉴（今安徽宿县西北）以东的睢水，反楚军抢渡睢水，十余万人被淹死，河里满是反楚军士兵的尸体。正在这万分紧急的时刻，突然狂风四起，沙石满天，刘邦乘着昏天黑地、一片混乱，带着数十骑兵逃出重围。

刘邦攻占彭城之后，他的主要谋士除萧何外，张良、韩信、陈平等人都跟随他到了彭城。他们为什么没有像刘邦进入咸阳时那样，劝他约束士兵，提高对敌人的警惕，避免将士的抢掠和腐败呢？也可能他们劝说了，未引起刘邦的重视；也可能是刘邦虽然重视并进行了努力，但却无效果。

彭城之战这近六十万大军，是临时拼凑起来的。各诸侯虽然都带兵参加了刘邦攻占彭城的战斗，但都是被迫参加的。他们投降刘邦，本来就是被迫的，参加彭城之战，当然更不是他们的心愿了。彭城之战的惨败也是有情可原的。

军队虽然大多是一群乌合之众，但毕竟还是有自己的主力军的，起码还能管住自己的军队。在攻占彭城之后，理应将他们驻扎在彭城外围的一些军事要地，以阻击项羽的军队。刘邦连这一点也没有做到，说明他和其主要的部下，都被胜利冲昏了头脑，对项羽失去了起码的警惕，所以才导致一场惨败！

彭城之战是在项羽的腹地进行的，对项羽的军队来说，可以说是一种保家卫国的战斗。因为项羽将士的家庭和妻女大多在彭城，刘邦进入彭城后的烧杀抢掠，都直接侵害到每个将士家庭的利益，所以他们在兵力众多的敌人面前，个个都勇敢善战，连续战斗，创造了以少胜多的战绩。而

项羽像

对刘邦的将士来说，这是一次深入敌人腹地的战斗，经过长途跋涉，一下子取得了意想不到的胜利，因而一定要以胜利者的姿态，尽情地掠夺和享受一番，所以一发而不可收拾，也是意料中的事。

彭城之战是项羽一生中具有标志性意义的战役，又一次以少胜多、以弱胜强的战役，又一次展现了他非同寻常的军事才华。项羽在战前深谋远虑，大胆布局，分两线作战，既要保证战略偷袭的胜利，又严防齐国趁机包抄。在战术上，选择直接攻击刘邦指挥中枢，造成刘邦联军指

挥系统瘫痪。不但歼灭刘邦主力，使刘邦陷入危机，而且扭转了项羽孤立无援的政治局面，使项羽重新掌握楚汉战争的主动权。在大的政治环境方面，原来投向刘邦的盟军此时又背叛刘邦，有的投靠了项羽，如塞王、翟王等；有的则重新脱离刘邦的控制，走向刘邦的对立面，如魏王豹、陈余等。

刘邦率军西征的时候，他的父亲、妻子和儿女一直留在沛县老家。刘邦暗渡陈仓、占领关中后，曾派部下薛欧和王吸出武关，去沛县迎接自己的亲属。项羽得知后，派兵在阳夏（今河南太康县）阻击，薛欧和王吸未能到达沛县。

刘邦脱险后一路向北逃窜，想顺便回老家沛县，把父亲和妻子儿女带上。但是他的家人听说刘邦战败，已逃离沛县。刘邦又带着骑兵继续狂奔，碰巧在路上遇到了儿子和女儿（即后来的汉惠帝和鲁元公主），就带着他们一同逃亡。

这时项羽的骑兵发现了刘邦的踪迹，就在后边穷追不舍。刘邦的马已经跑得很疲乏，眼看后边的敌人就要追上，在危急情况下，刘邦为了减轻车上重量，使马跑得快些，竟将自己的儿子和女儿推下车。

给刘邦驾车的是他的同乡夏侯婴，他不忍抛下两个孩子不管，就下车把他们抱上来。刘邦更急了，怕追兵赶上，想再次将小孩推下车。见夏侯婴护着这两个孩子不让推，刘邦几次拔出剑来威胁夏侯婴。

夏侯婴一边抱紧孩子们，一边责骂刘邦："情况虽然紧急，但敌人也不一定能追上，为什么要把他们丢下呢？"

逃跑途中，有一领队楚将眼看就要追上刘邦了。刘邦回头一看是以前认识的朋友丁固，赶忙说："你我都是好样的，为什么要互相厮杀，非要分出胜负来呢？"丁固听了刘邦的话，就停了下来，刘邦因而得以脱险。等别的楚军追上来时，刘邦早已跑远了。

夏侯婴因为救刘邦的子女有功，后来很得吕后的信任。她赐给夏侯婴一处豪华的住宅，位于皇宫北面的第一家，说"这样才靠得近"。

彭城之战，从战术上来说，双方都十分轻敌，所以刘邦攻占彭城很容易，项羽击败刘邦收复彭城也没有费劲。彭城是项羽的都城，是他的根据地，项羽去击齐，怎么也得留重兵把守彭城，免得后方被敌所扰，这是兵家的常识，项羽不会不知道。但他却一反常规，倾全力去击齐，结果彭城空虚，让刘邦钻了空子，一下子就占领了彭城，这恐怕是刘邦和项羽都没有想到的。

刘邦在彭城惨败后，主力大军被歼，齐国、赵国与项羽讲和。诸侯王纷纷背叛刘邦，投降了项羽。塞王和翟王也趁机投靠了项羽，形势对刘邦极为不利，处境十分困难。

彭城之战，刘邦损失巨大。此战为楚汉两军第一次正面交锋，刘邦触动极大，他明白威震天下的楚霸王盛名不虚，要战胜项羽必定是一个艰苦奋战的过程。彭城之战反楚军损失数十万人，但汉军并未完全失败。一方面，萧何坐镇经营的关中、汉中等地，刘邦的势力已经十分稳固，可为汉军提供补给；另一方面，汉军主要将领与基本架构均未受到损失，恢复元气并不困难。这一战，并不能决定楚汉之间的胜负，汉军实力仍然不可小觑。

项羽虽然取得了彭城之战的胜利，但其根据地受到了很大的破坏。楚军虽然大败汉军，却未消灭汉军。刘邦失败后，一时难以组织起大规模的反击，只能采取守势；楚军虽然实力上超过汉军，但因为汉军根据地并未失去，可以依托关中固守，一时也难以消灭汉军。楚汉之争就这样进入了战略相持阶段。

逃之荥阳，策反英布

彭城之战，项羽以三万精锐之师，一举击溃了刘邦将近六十万人马的讨楚联军，刘邦只带领少数亲信，逃出项羽的包围。彭城之战是项羽继巨鹿之战以来所取得的又一次辉煌的胜利。

项羽在彭城击败刘邦后，为了整顿彭城的秩序，建立被刘邦破坏的有关组织机构，并未再派主力穷追刘邦的残部，所以刘邦得以从容撤退。他从砀县经过虞县（今河南虞城县北），徐徐退至荥阳（今河南荥阳县）。

这是项羽的又一次重大失误。项羽在与刘邦的争霸过程中，总是在刘邦最危难的时候给刘邦以喘息的机会。彭城之战对刘邦来说是灭顶之灾，如果此时乘胜追击的话，也许刘邦就再也没有翻身的机会了。可项羽总是在最关键的时刻、在最需要表现出狠劲的时候，表现出一副妇人之仁的样子来，使刘邦一次次的脱离虎口。刘邦的内兄吕泽，当时正领兵驻扎在下邑（今安徽砀山县），刘邦就近投到那里。刘邦在那里陆续收集了一些从彭城逃来的溃散士兵，进行了一些初步的整顿后，又移军砀县（今河南夏邑县东）。

此时的刘邦伤心之余，更多的是反思。明白了项羽不愧是霸王，自己是不可能轻而易举地战胜他的，要想在你死我活的战争中取得胜利，必须要付出巨大的努力。

刘邦到下邑时，曾扶着马鞍对张良说："现在看来只有退到关内据守，关东的地方只好放弃了。我想把关东地区让给愿意与我合作共同灭楚的人，你看应该选谁好呢？"张良说："九江王英布，是项羽的先锋，屡屡立下战功，但这次项羽东击齐国，他拒绝亲自带兵参加，看来他与项羽有了矛盾；彭越和齐王田荣，都和项羽是死对头，如果联合他们与楚军作战，可作为我们的外援，我们要给予支持。你如果能把关东之地让给这三个人占领，就可以对项羽形成巨大的威胁，就没有什么可怕了。"

张良一番话让刘邦茅塞顿开，同时也让他增长了不少信心。于是开始积极地策反英布，拉拢彭越，并让韩信率大军击赵、燕、齐。张良的这一策略确实达到了预期的效果，对项羽起到极大的牵制作用。

荥阳是通往关中的必经之地，依山傍水，地势险要，军事地位十分重要。刘邦退到荥阳后决定在这里设防拒守，作为关外的防线，以抵抗项羽向关中的进军。留守关中的萧何，听到刘邦败退至荥阳，就把新的兵员和物资送到荥阳，以补充刘邦的兵力，再加上韩信和在彭城战败的诸将也都陆续带着自己的残兵败卒，赶到荥阳与刘邦会合，刘邦的汉军就这样重新恢复了实力

刘邦的军队经过在荥阳的整顿，已经恢复了战斗力时，项羽这才率主力军才到达荥阳，因而失去了乘胜一举消灭刘邦的良机。刘邦在荥阳南面的京、索间，布防迎战项羽军的进攻。刘邦的军队取得胜利，军队

的士气受到鼓舞，从而阻止了项羽的西进。

刘邦认为，项羽在彭城之战中打败自己的关键是拥有一支天下无敌的骑兵部队，所以他决定也组织一支强大的骑兵部队。

刘邦本来想让李必和骆甲做骑兵部队的将领，这两人在秦朝时都是骑兵将领。可是他们却婉言拒绝了，并对刘邦说："汉王如此器重我们，我们真是感激不尽，但我们都曾是秦军的骑兵，由我们来做骑兵将领恐怕得不到军队的认可。不如您在自己的亲信中挑选一个人，由我们来辅佐他。"

刘邦左思右想，想到了灌婴。灌婴早年为了糊口曾做过贩布料的生意，后来追随刘邦在沛县参加了起义军。可以说，灌婴是刘邦绝对的亲信。同时，灌婴骑术了得，战功赫赫，是个不错的人选。于是，刘邦任命灌婴为骑兵将领，李必和骆甲为左右校尉。这支骑兵部队组建后开始日夜不停地操练起来。不久，灌婴的骑兵就与项羽的骑兵在荥阳东边交战，大获全胜。接着，又进攻楚军后方，斩断了项羽的粮道，屡屡立下战功，在汉军需要重振雄风的关键时刻起到了重要的作用。

汉王在彭城战败的消息在关中传开后，顿时谣言四起，人心惶惶。刘邦害怕关中地区的稳定受到威胁，立即将荥阳前线的决定权交给了韩信，自己则赶回去，在汉都栎阳正式册立刘盈为太子。为了增添喜庆的气氛，他又大赦关中各地的犯人，这一举动稳住了关中人民的情绪。

在巩固好大后方后，刘邦开始将自己的目光瞄向了项羽的身边。英布跟随项羽南征北战的过程中，所向披靡，屡立战功，是项羽手下的一名得力干将。

但在项羽东击齐国时，英布与项羽产生了一些小误会，项羽多次要

谋胜群雄

汉朝开国奇谋

求英布率军参加，均被英布找借口搪塞过去。

项羽眼睛里怎能容得下沙子，几次派人去指责英布。此时，刘邦也想争得英布的支持，于是就派一位叫随何的谋士，前去见英布，劝说英布归汉。

随何是一个标准的儒生，平时说话"之乎者也"，道理一大堆，礼节也很繁琐，刘邦常常取笑他，但是他一点也不生气，像英布这样的人也只有让随何去说服最合适。

随何到了英布大营后，英布故意刁难他，等了三天还未见到英布。随何心知其中必有原因，就对英布手下说："英布不愿见我，必定是认为项羽强、刘邦弱。而这正是我来见英布的原因，英布如果接见我，必会觉得我对他说的话有道理。如果他觉得我说得不对，可以将我们二十个使者杀死，来表明他反对刘邦、坚决与项羽站在一起的态度。"

手下将随何的话告诉英布后，英布觉得有道理，就召见了随何。随何对英布说："汉王是责怪你为什么要与项羽相处得如此亲近。"

英布说："我是以臣的身份侍奉项羽。"

随何接着说："你与项羽同样是王，你之所以以臣的身份来对待项羽，是你认为项羽的力量强大，要依靠项羽的力量保住你的封国，可你却不忠于项羽。"

随何继续说："项羽讨伐齐国时，亲自带兵冲锋在前，身先士卒。而你臣于他，就应该带上自己的全部人马，亲自为项羽打前锋。而你却只派了几千人去敷衍项羽。这是以臣的身份侍奉项羽应该做的吗？当刘邦攻打彭城时，项羽尚未从齐国返回，你应立即率兵渡过淮河支援彭城。而你却拥兵上万，在淮河坐山观虎斗。你若是想靠项羽的力量保住你的封国，应该采取这样的态度吗？"

英布面露惊讶之色，随何接着说："项羽虽然在彭城打败了汉王，实力大增。但项羽因为背弃盟约杀了义帝，是一个不义之人。而汉王刘邦，却在荥阳一带构筑了深沟坚壁，又得到汉中源源不断的补给，再次强大起来。"

随何接着分析项羽的战略弱点说："现在项羽的大军已经深入腹地，远离自己的后方，供应线一长，必然出现供应困难。项羽想速战速决，而我方坚守，一直找不到战机。而汉王以逸待劳，长此下去，项羽必然进不能攻、退无可守。所以，项羽暂时的强大是不能持久的。"

随何见英布稍有感兴趣之意，就继续说道："你只要与汉王联合起来，争取战机，最后定可击败项羽。而你带一把剑与我去投靠汉王，汉王就会划一片土地来封你。汉王知道你的处境，希望你能好好考虑。"

经过随和的百般劝解，英布最终动摇了，杀死了项羽的使者，并起兵攻打项羽。

英布本来就对项羽存有戒心，但又很害怕项羽。在项羽对英布不满的情况下，刘邦正好抓住了这次机会，成功地策反了英布。

当时，除去项羽军和刘邦军之外，英布的实力最强，能够得到英布的支持，可以说刘邦胜利了一半。

刘邦在彭城之战失利，原来的盟友都纷纷背叛的情况下，能够争取到英布的支持，这在战略上是一大胜利。刘邦派随何为使者去劝说英布，本来也没有抱多大的希望。可是随何善于利用项羽与英布间已经产生的矛盾，采用软硬兼施的办法，终于说服英布背叛了项羽，这是超出刘邦意料的。英布背叛项羽，不但削弱了项羽的力量，而且减轻了刘邦前线的压力，使刘邦在彭城战败之后，争得了重新整顿和组织防线的时间。

分封后人，离间功臣

在项羽对荥阳强攻不止，刘邦处境极其艰难的时候，怎样削弱项羽的力量，孤立项羽，一直是刘邦考虑的问题，在一旁的郦食其出招了。郦食其建议刘邦封六国后人为王，认为这样可以分化孤立项羽。郦食其说："商汤灭夏桀后，封夏桀的后人为侯；武王杀商纣王后，也封其后人为侯。秦始皇灭六国后，不封六国后人，使他们无安身立命之地，这是秦始皇失德之处，所以秦国速亡。你现在如果能封六国后人为王，他们的臣民必定都会感激您的恩德，愿意为您出力卖命。您如果得到了六国后人与百姓的拥护，项羽就会被孤立。"

刘邦在此危急时刻，听了郦食其一番说教，觉得这也是一个好办法，就同意了。他马上下令刻封六国后人的印信，准备派郦食其起身前去各国进行分封。张良得知了这一消息后，急忙跑来制止刘邦："如果您按照郦食其的说法去做，您的事业就完了。"

刘邦一听傻眼了，忙问张良为什么。张良从八个方面说明了此策不可行：

第一，以前商汤和武王之所以敢于分封夏桀与商纣后人为侯，是因为已经置敌于死地。您现在并没有杀死项羽，怎么就敢分封六国的后人为王呢？

第二，武王进入殷商的时候，曾经封比干的墓，以争取殷人的支持。您现在的力量还达不到占据项羽的地方，怎么能争取项羽部下的支持呢？

第三，武王曾将他的粮食、钱财散发给百姓，以争取百姓的支持。您现在府库里空空如也，没有什么可散发的。

第四，武王灭殷商后，把兵车和武器都入了库，表示不再动用武力，以减轻百姓的负担。您现在正愁军力不足呢，哪能偃旗息鼓、不动用武力？

第五，武王灭商后，把战马放牧于华山之阳的草原上，不再进行训练，与民休息。而您现在正愁军马不足，怎能让战马休息呢？

第六，武王灭商后，把用于运输的牛，都放牧于草原，不再用于军需运输。您现在怎么可能如此呢？

第七，现在将士们远离家乡与亲人，跟随您与项羽作战，目的就是胜利后能够得到分封。如果您分封了六国的后人，那手下的这群将士知道后又作何想呢？他们就会另找主人，纷纷离你而去，谁还能再跟着你打天下呢？

第八，只要项羽的力量比我们强大，六国后人就会前去依附于项羽，而不会听您指挥，这样怎能削弱项羽呢？

刘邦听后恍然大悟，大骂郦食其："真是一个迂腐的儒生！差点坏了我等的好事！"马上命人将刚刚铸造好的分封六国后人的印信销毁，不再提分封一事。

张良家族世代为韩国的大臣，从反秦起义之初，就极力主张拥立韩国的后人为王。他对韩王成可以说是忠心耿耿，全心全意支持其复国。以此看来，张良应该是主张分封六国后人的。但是，为什么郦食其提出分封六国后人的主张后，他极力反对呢？这是因为随着时间的推移，张良的认识与看法发生了很大变化。

张良刚开始走上反秦道路时，完全是为了韩国的复国。随着反秦起义的发展，秦朝被推翻了，韩王成也复国了。可是，结果项羽不让韩王成就国，又把他杀害了。其他六国后人，不是为了各自的地盘杀得天昏地暗，给百姓带来灾难，就是变成他人手中的傀儡。张良清楚地看到，以前的想法只是一个美梦。在这弱肉强食的年代，六国复国是不可能的，给人民带来更好的生活更重要。

在事实面前，张良很快就抛弃了原来的想法，改变了自己的主张，在他的心中让六国后人复国远不如天下百姓得到太平生活重要；而刘邦也受益于张良的及时建议，没有走上错误的道路。

面对天下无敌的楚霸王，郦食其分封六国后人的建议不可行，那么还有什么别的可行的办法呢？有一天，刘邦问谋士陈平："现在天下纷乱，我们什么时候才能打败项羽，使得天下安定呢？"陈平客观地分析了刘邦与项羽各自性格的优点和缺点后，提出使用反间计，以此制造项羽与其身边人的矛盾，从而达到孤立项羽、削弱其力量的目的。

陈平认为，项羽之所以天下无敌是因为很尊敬和爱护部下，所以很多廉洁好礼的有识之士，都投奔了项羽。但是项羽对有功之士，舍不得赏赐爵邑，所以一些重名利的人，又离他而去。

接着陈平又如实分析刘邦的优缺点，认为他动不动就骂人，对部下缺少尊重和礼貌，所以一些自尊心强的人不愿投靠他。但是刘邦有一个最大的优点，就是舍得赏赐有功之士，所以一些追逐名利的人多愿投奔刘邦。

陈平接着说，汉王如果能去掉两人的短处，把两人的长处集中在一个人身上，就能很快平定天下了。

陈平对刘邦说："项羽为人心胸狭小、易信谗言。只要肯拿出数万金，进行反间活动，就可以离间项羽与身边几个主要谋士和亲信的关系，使他们互相起疑心，彼此发生矛盾。等到项羽孤立的时候，再以兵攻之，必然会击败对方。"

刘邦听了陈平的分析后，虽然对其毫无保留地批评自己有些不满，但是还是很赞成陈平的计谋。于是，决定拿出四万两黄金交予陈平，由他施行反间计。陈平本是个爱财之人，这点刘邦很清楚。现在交给陈平四万两黄金，可说是对陈平的极大信任。而陈平也全力以赴去完成任务，以报答刘邦的信任。

在荥阳北部山上，靠近黄河边，有秦朝留下的关东最大粮仓——敖仓，这时仍存放着大批粮食，它成为刘邦在荥阳一带守军的粮食供应地。为了保住这个粮仓，使粮食能源源不断地运到荥阳前线，支援荥阳的守军，刘邦在荥阳和敖仓之间修筑了一条通道，以防止楚军的攻击，确保荥阳的粮食供应。

刘邦大军在荥阳前线的形势十分危急，项羽率大军西进，不停地进攻汉军，两军展开了殊死搏斗。汉军顽强抵抗，楚军屡攻不破，双方形成了相持的局面。

项羽想赶紧攻破刘邦的防线，于是把范增找来商量对策。范增对项羽说："刘邦大军能坚持这么久，主要原因是有敖仓的粮食支持。如果想顺利攻下荥阳，就必须切断他们通往荥阳的通道，到时候汉军没了粮食，自然会退回关中，我们再乘胜追击。"

项羽马上派钟离昧带兵去切断汉军通道，由于楚军的一再进攻，通道最终被切断。刘邦在荥阳的守军因粮食供应发生困难，难以再坚持下去。这时，张良建议刘邦向项羽提出休战和谈，以荥阳为界，以西归刘邦，以东归项羽。项羽粮草供应也吃紧，将士们疲惫不堪，休战和谈正符合他的意愿，但范增坚决反对。范增认为刘邦提出和谈是缓兵之计，说明汉军已经很难再坚持下去了，如果这时候给刘邦喘息的机会，肯定后患无穷，楚军应该加紧进攻，消灭刘邦。

项羽觉得范增说得很有道理，就拒绝了刘邦的和谈要求，并准备进一步进攻荥阳。

这时，陈平开始实施他的离间计，陈平离间的第一个对象便是项羽的大将钟离昧。他偷偷用金钱收买项羽军中的人，要他们在项羽军中传播：钟离昧的功劳很大，但项羽没分封他为王，他心中不服，打算投降刘邦，共同消灭项羽后，分项羽的领地。这一流言传到项羽的耳朵里后，他不做任何调查，就轻信了这一谣言，对钟离昧起了疑心，再也不重用他了。钟离昧是当时公认的将才，项羽不重用、相信钟离昧，等于砍掉了自己一只手臂，陈平的反间计取得了成功。

陈平将离间的第二个对象对准了谋士范增。陈平听说项羽的使者来了，特地命人准备了丰盛的宴席，使者一到大营，负责招待的人假装惊讶的样子说："我们还以为是范增的使者，原来是项羽的使者呀！"于是，把丰盛的宴席撤下，改用粗茶淡饭招待项羽的使者。项羽的使者回去后把在刘邦处遇到的情况如实禀报给了项羽，项羽怀疑范增与刘邦相互勾结，不再听信范增的建议。

当时，楚军正在全力围攻荥阳，范增认为荥阳是刘邦的关键据点，应当集中兵力尽快攻下荥阳，这样刘邦便会全线崩溃。因项羽已经不再信任范增了，因此并未集中全力趁荥阳防线未稳之际进行攻击。

范增见项羽对自己起了疑心，非常伤心。因为他从跟随项梁开始，就全力辅佐项氏叔侄夺取天下，现在项羽竟然听信谗言怀疑他。此时的他心灰意冷，决定离项羽而去，就找到项羽说："天下的形势已经基本定下来，请你今后自己好好努力吧！我老了，希望您能赐我回到自己的家乡！"项羽没有挽留范增。范增心痛不已，死在了路上。

陈平的反间计，在钟离昧和范增两个人身上，都取得了成功。他们两人都长期追随项羽，为项羽出谋献策，立下不少功劳，项羽却轻信流言，对他们产生怀疑。当时项羽只要稍稍动动脑筋，做点调查，就可以轻而易举地揭穿反间阴谋，但项羽过于主观自信，结果中了陈平的反间计。

故作姿态，抢占先机

楚汉相争的局面已经形成，此时刘邦一方已经意识到持久战的可能，虽然表面上看起来楚军一直占优势，打得刘邦不停地逃窜，但是刘

谋胜群雄

汉朝开国奇谋

邦稳固的后方——关中，将成为决定成败的关键。刘邦在关中地区建立了稳固的后方基地。

刘邦的得力大将萧何一直在关中，已经征集了将近十万人马，刘邦为此心里非常欣慰，心想，靠我自己那几下子，真是不行呀，身边这些人都是人才呀！

一日，刘邦和张良正在商议如何再次取得成皋，让汉军向前线推进一步，忽然有人来报："关中有位姓袁的书生求见汉王。"

刘邦对儒生的态度一向不好，但是经过几次实践之后，已经逐渐改变了以往的看法。像郦食其、随何都帮过刘邦大忙。刘邦已经知道，儒生虽然说话啰嗦、招人厌烦，但是也不能小视，所以马上说："快传！"

袁生进来，非常恭敬地施礼，然后慢腾腾地说："我只是一个手无缚鸡之力的读书人，见识也非常浅薄，但是观察楚汉之争，也看出来一些端倪。汉王仁爱大度，善待百姓，不杀俘虏；项王凶狠残暴，视人命如草芥。上天有好生之德，一定不会把天下交给项王的……"刘邦听他说的都是大道理，听起来没什么用，有点不耐烦了，连打了几个哈欠。张良一看刘邦这样，就打断了袁生的话，直截了当地问："不知先生对当下战事有何见教？"

袁生也不说废话了，直接说："这些年，楚汉相争，项羽追着您不放，您几次差点被抓住，但每次又都让您逃脱……"这几句话说得刘邦脸有点发热，就掩饰地咳了几声。"现在楚军大兵压境，与汉军相持在荥阳、成皋一线，但是汉军屡屡被破，您也损兵折将。现在您在关中招兵买马，想必还想回到前线与楚军决战，那样汉军处境是非常危险呀！""哦？此话怎讲？"刘邦此时才对袁生的话有点兴趣。

袁生说："汉军这样一直被楚军牵制着走，早晚会耗尽粮草兵力。"张良听了点点头说："先生说得有理，我们现在能摆脱楚军的牵制吗？"袁生说："楚军逼近关中，但是并不是眷恋关中的土地，只是想捉住汉王。如果汉王离开关中，他们对关中也没有什么兴趣，何不利用汉王来调动楚军千军万马呢？"刘邦和张良你看看我，我看看你，相信袁生确实能献出良计。

这时已经中午了，刘邦也顾不上吃饭，与袁生、张良等人定下策略：兵出武关，从后方对项羽进行攻击。他们开始大张旗鼓宣传刘邦就在武关，吸引楚军主力，拖住楚军。

这个袁生，虽然没上过战场，但是出的计策非常有参考意义。当时，在荥阳、成皋一带与楚军纠缠的汉军，战事不断，不敢有半点懈怠，一天天耗下去，疲惫不堪，叫苦连天，如果这样下去，真的会被楚军吃掉。张良等人也一直在寻找转机，袁生的计策让他们心中豁然开朗。

五月，刘邦命萧何继续留在关中筹备粮草兵马，命韩信率军攻打燕国、齐国，自己则亲率十万大军，浩浩荡荡进驻武关。这样一次出兵，完全不是要打仗的样子，分明是炫耀，唯恐天下人不知道刘邦要到武关去，项羽自然是第一个得到消息的。

此时的项羽一直后悔自己中了刘邦的反间计，害死了亚父范增。其实，项羽对刘邦这些小伎俩是非常不屑的，他觉得大丈夫驰骋沙场，自然要有雄韬伟略，但是刘邦用的都是卑鄙的手段，自己竟然上当了……一想到这些，项羽就恨得牙根痒痒。

那边，刘邦大张旗鼓地出兵到武关；这边，项羽第一时间得到消息。项羽听到军报后，自言自语："这次，刘邦这小子又在耍什么花招？"大将钟离眜也说："管他什么花招，也不过是咱们楚军嘴边的一盘菜，咱想怎么吃就怎么吃，这次可再不能让他逃了……"项羽在军事上常用的手法就是"擒贼先擒王"，楚汉之争明明是楚强汉弱，但是慢慢打成了持久战，这让项羽有点意外，想来想去觉得还是没有抓住刘邦这个头子。于是他想了一下说："既然刘邦在武关露面了，就一举把他的主力歼灭。"钟离眜说："好！"第二日，项羽就调集成皋、荥阳一带的主力部队，浩浩荡荡杀向武关。

刘邦其实一直担心项羽不会上这个当，但是没想到项羽很快就来了，甚至比他们想象中的还要快，不由得大喜。武关确实是个好地方呀！绵延上百里，不是大山就是黄土高坡，易守难攻，在出口派几十个人把守，楚军也难攻上去。刘邦心里美滋滋的，每日都在城楼最显眼处散步，就是让楚军知道他刘邦确确实实在武关，就是让楚军手痒心痒但是吃不着。

项羽没法，只好在军营中挑选能言善辩之人，每日在关前大骂，想把汉军骂出来。从天不亮就开始骂，一直骂到日上三竿，然后轮班，又骂到太阳下山。但是不管楚军怎么骂，刘邦只是下令，只许听不许动。有些血气方刚的将军听不下去了，一次次请命要和楚军大战。刘邦笑嘻嘻地说："骂几句能少几斤肉吗？骂几句能少几两黄金吗？他们爱怎么骂就怎么骂，咱们就是不出战，气死他们，哈哈……"众将军你看看我，我看看你，不知道刘邦葫芦里卖的什么药，但是看刘邦胸有成竹，也就不多说了。果然，没骂几天，几个骂阵的都失声了，楚军自己就消停了，项羽更加焦躁不安。

这时，那个一直让项羽吃不香睡不着觉的彭越又开始行动了。项羽一听，脑袋就大了。彭越原来打"游击战"可没少给项羽找麻烦，这次，彭越干脆趁项羽不在，一举渡过睢水，打到了楚地后方的重镇下邳。彭越大败楚军，并扬言要攻打彭城。项羽当然舍不得刘邦这块肥肉，但是转念一想，下邳在彭城旁边，这可不是小事情。彭城作为项羽的大后方，不仅为项羽储备粮草，还安置着项羽的姬妾，最重要的是爱妾虞姬还留在彭城。第一，楚军不能成为没有后方基地的流亡之军；第二，虞姬不能落在彭越那个老头子手里。想到这些，项羽心急如焚，立即下令撤出武关，攻打彭越。

项羽这一段时间几乎是疲于奔命，可刘邦却休息得差不多了。项羽一撤走，刘邦和张良一商量，就利用这个空隙，向北挺进，驻军成皋，又一次摆脱了被动挨打的局面。

刘邦在群臣的帮助下，势力大增，与刘邦相对的项羽却在走下坡路。

荥阳之战后，刘邦与项羽陷入了持久战，而这明显对刘邦军不利。如果这样长期持续下去，汉军很快消耗殆尽，天下的局势也难以明了，此时的刘邦和张良都为此大伤脑筋，但是又想不出一个好的办法。袁生的建议就是逆向思维，打破常规，想别人不曾想，做别人不曾做，成功摆脱了楚军的牵制。

魏王叛变，荥阳失陷

彭城之战后，魏王豹跟随刘邦退至荥阳。他看到刘邦兵败后的狼狈

相，认为刘邦再也无法振作起来，就打算背叛刘邦。不得不说他是墙头草，随风倒，他以回家探望生病的亲人为名，回到封地。一渡过黄河，就在河上设防，投奔了项羽。

魏王豹的属地正好位于荥阳战场的侧后方，一旦项羽与其联合，前后夹击，刘邦处境将十分危险。刘邦对魏王豹的叛变，十分重视。这时的刘邦无法分兵对付魏王豹，就派郦食其去说服魏王豹，并对郦食其承诺："如果劝说成功，就在魏地给你万户的封邑。"

郦食其劝说魏王豹无果，如实向刘邦报告。刘邦不得不作进攻的准备，便问郦食其："魏王的大将是谁？"郦食其说："柏直。"刘邦听后，不禁喜从中来，表现出一副胸有成竹的样子说："他一个乳臭未干的小儿，我派韩信为大将，他绝对不是对手。"又问："谁是骑兵将领？"郦食其答道："冯敬。"刘邦说："无战斗经验，敌不过灌婴。从魏王豹的几将领来看，我军有必胜把握。"于是，刘邦任命韩信为左丞相，与曹参、灌婴共击魏军。

从刘邦与郦食其的交谈中，可以看出刘邦对魏王的将领非常了解，因而在配置伐魏的统帅时，能针锋相对，以自己将领的长处制敌将的弱点，所以对战争才有必胜的信心。这反映了刘邦用兵的特点，也是他由弱变强的重要原因之一。

韩信在出兵之前，也和刘邦一样，找来郦食其了解魏国将帅的情况。他听到魏王豹不用有战争经验的周叔为大将，却用毫无经验的柏直，心里就有了对敌之招。

韩信见柏直把主力部署在临晋，就故意在临晋放置船只，设置疑兵，做出准备从这里渡河的样子来迷惑魏军。柏直侦察到韩信在临晋的动静，更坚信他会在临晋渡河，因而加强了在蒲坂的戒备，而放松了对其他渡口的警惕。

而这正是韩信迷惑柏直的计谋，韩信这时用埋伏在夏阳的大军突然袭击安邑。魏王豹毫无准备，见汉军袭来，惊慌失措，仓促应战，兵败被俘，被韩信送到荥阳前线的刘邦处。因为魏王豹表示悔过，刘邦就没有杀他。后来刘邦逃出荥阳后，守城的周苛、枞公怕魏王再次背叛，就把魏王豹杀了。

韩信消灭了魏王豹之后，就按照刘邦的意图，在其地设置了河东、太原、上党三郡。

荥阳告急，形势对汉军越来越危急。刘邦有一个部下叫纪信，对刘邦忠心耿耿，并且长的和刘邦很像，他知道刘邦此时的处境，就对刘邦说："依现在的形势看，荥阳怕是守不住了。请您准许我装扮成您的样子，将楚军骗去东门，您就趁机从西门逃走。"刘邦知道这么做实在太冒险，但情况危急，也没有别的办法了。

这天夜里，陈平召集了两千个女子，让她们都穿上汉军的军装，假扮要逃走的汉军。由于是黑夜，楚军也看不清，以为是刘邦要逃跑，就从四面八方拥上来围攻这支所谓的汉军。这时，"假刘邦"纪信穿着刘邦的衣服，坐在刘邦平时坐的覆盖着黄绸缎的马车，对楚军大声喊道："城中的粮食已经吃完了，我是刘邦，我已经走投无路了，我投降啦！"楚军的将士们一听刘邦要投降可乐坏了，都兴高采烈地聚集到东门，等着看刘邦的狼狈相儿。

刘邦趁着东门的楚军欢呼雀跃，西门的楚军防守松懈之际，在几十个骑兵的保护下从西门逃走了，一直逃到成皋。

这时，楚军把纪信带到项羽面前，项羽一看此人不是刘邦，知道自己中了刘邦的计，非常生气。项羽气急败坏地问纪信："刘邦呢？"纪信回答说："早就走了！"项羽快气疯了，把怒气撒在了纪信身上，命人将他活活烧死。

周苛、枞公等人奉刘邦之命继续死守荥阳，虽然誓死抵抗，但还是没能守住荥阳。项羽非常佩服两人的勇气，想留为己用，就对周苛说："如果你肯为我效力，我就命你为上将军，封三万户。"

周苛对刘邦忠心不二，他大骂项羽道："就算你现在不向刘邦投降，以后也会当刘邦的俘虏。你根本就不是刘邦的对手，我怎么可能向你屈服呢？"项羽见周苛顽固，就将他和枞公杀了。

荥阳一战的失利，使刘邦在军事上暂时处于劣势，但项羽大军也精疲力竭了。双方进入相持阶段，军事上的竞争告一段落。但暂时的军事胜利不等于最终的胜利，暂时的军事失败也不等于最终的失败。项羽的政治头脑和刘邦比起来逊色很多，他与自己的部下不能团结一心，楚军后方也是一团糟，由于路途遥远，前线的供给跟不上，荥阳一战虽然胜利了，但其实力却逐渐下滑。相反，刘邦的实力却日益增强。

围魏救赵，以智取胜

楚汉之争进行到第三年的时候，天下纷乱，形势虽然还不明了，但是也初露端倪。楚王曾经雄霸天下的局面一去不返了，汉王以关中为军事基地，招兵买马，安抚百姓，逐渐站住脚跟，成为楚王最大的威胁。

在彭越"游击战"的协助下，刘邦轻而易举地返回成皋。

彭越的长项就是打游击，从来不与项羽正面接触。楚军来回奔波，十分疲劳，都不知这样下去什么时候才能解脱。项羽当然也是非常头疼，但是也没有良策，他回到彭城，见到日思夜想的虞姬，就暂时放下烦心事，日日欣赏虞姬歌舞，放松一下自己。

不要认为项羽就此沉醉在安乐窝里了，他可是一代枭雄，目前这点困难算不了什么。在彭城这些天，他心里一直思考：仗还是要打，但是要让楚军乐意再次离开家乡；荥阳、成皋作为汉军前线，一定要破，让刘邦没有立足之地……这时的项羽开始怀念他的亚父范增了。从项羽斩杀宋义开始，范增就在项羽身边；到项梁被杀，范增就追随项羽，出谋划策，可谓说是忠心耿耿；但是"鸿门宴"后，因项羽轻信了陈平的离间计，两人就心生间隙。以后的事实不断地证明范增决策的正确，这让不可一世的霸王多少有些尴尬。项羽心中非常后悔，后悔当初不应该不听亚父的话，才落得个现在的局面，现在连个商量的人也没有。

虞姬见项羽沉思，知道可能又有战事，就问项羽："大王，什么时候出发？"项羽叹了一口气说："我也不想离开彭城，但是天下未定，群雄纷扰，我还得出兵呀！"虞姬是个十分善解任意的人，心中虽然不舍，但是还对项羽劝说道："大王依依不舍，想必楚军也依依不舍，这对行军打仗来说不是好事吧？"项羽知道虞姬是在提醒自己呢。

第二天，项羽召集大军，并做了一个空口许诺："这次我们灭了汉军，活捉汉王，天下就太平了，大家就可以回家与家人共享天伦之乐了……"

这话真真假假，但是将士们听了觉得神清气爽、个个精神抖擞。他们和汉军多次交战，在他们看来刘邦最大的本事就是"跑"，要不就是"躲"，只要正面交战，汉军不是楚军的对手，心想仗打完了终于可以回家团聚了，士气一下子高涨起来。

项羽依依不舍的告别虞姬，率领楚军离开彭城，直扑荥阳、成皋。这两个月来，刘邦玩了一把耗子躲猫的游戏。项羽天下无敌的骑兵被刘邦牵制，东奔西走，疲惫不堪。项羽恨透了刘邦这种耗子躲猫的游戏，但是又拿他没有办法。此时项羽已经猜透刘邦的伎俩，决心改变这样的局面，定了下一步的军事策略：收缩兵力，步步为营，寻找突破口，蚕食汉军。这个战略的突破口就是荥阳。

项羽的策略到底能不能奏效呢？因为早期的战略失误，刘邦的实力已经发展到难以估量的地步，项羽没有意识到，刘邦也没有意识到。

项羽这一次气势汹汹，把刘邦惊得不轻。刘邦逃出荥阳，荥阳失守，驻守荥阳的周苛被杀身亡，魏王投降。借着荥阳之势，项羽全力进攻成皋，想一举打垮汉军。刘邦自知不是项羽的对手，又一次做好了逃跑的准备。

军情紧急，深夜，刘邦紧急召见英布。刘邦对英布说："如今成皋危急，恐怕只有你能应付了，我早些离开，调集军队和项羽决战……"英布赶紧说："汉王放心，我一定死守成皋……"刘邦赶紧挥挥手，说："万万不可，一定要保存实力，和他们打不过就走。"英布当然也不愿意就此把自己的军队牺牲在成皋战场上，当下欣然接受刘邦的建议。

天还没有亮，在英布的掩护下，刘邦和夏侯婴共乘一辆车，带领少量精兵，从北门逃出成皋。刘邦一刻也不敢停，日夜兼程，往北渡过黄河，换乘马匹。夏侯婴问刘邦下一步该怎么办，刘邦说："我经营多时的防线已经破了，现在咱俩要兵没兵，要人没人，能怎么办？还不是过去把韩信的兵要过来。"夏侯婴一听想了一想说："韩信、张耳手握兵权，咱们什么也没有……"夏侯婴这样说，一下子提醒了刘邦，刘邦心想："韩信要是不买我这个汉王的账该怎么办？"历经战场的刘邦不得不做进一步的打算，于是他交代手下的人，到达小修武时一律不得声张，先住进传舍。

刘邦等人到达小修武时，已经到掌灯时分，刘邦自称是汉王派来的使者，悄悄住进了传舍。第二天清晨，刘邦以使者身份拜见韩信，顺利进入大营。当时大营中还静悄悄的，将士正是懈怠时刻，韩信、张耳尚睡意朦胧。刘邦进去召开军事会议，重新部署兵力：张耳全力经营赵国，韩信为赵国相国，指挥部分汉军向东攻取齐国。

刘邦有了小修武的兵力，一下子振作起来。八月，汉军驻扎在小修武以南，准备渡过黄河与英布会师，与项羽展开决战。

这时，一个叫郑忠的郎中提出了非常明智的建议。郑忠在汉军中是位名不见经传的小角色，平时不怎么表露自己的看法，这次刘邦一和群臣商议这件事，郑忠发言了："主公有和楚王决一死战之心，楚王也有此心，但是现在决战对汉军不利……"刘邦听了，赶紧向郑忠请教。郑忠说，楚军士气正旺，一心要剿灭汉军回家乡，此时根本不宜正面交战，应该高垒深堑，坚壁不出，磨掉楚军的锐气，再寻机作战。刘邦一听也觉得有道理，马上就改变战略部署。由此可见，刘邦是一个多么谦虚的人，对于不同人的意见，不论身份贵贱，只要正确可行，均会采纳。

汉军果真坚壁不出，任凭楚军怎么骂，刘邦采取这种战术也不是一次两次了。早已经锻炼得气定神闲，可不是一般人能比的。

刘邦派遣刘贾、卢绾率兵两万增援彭越，一起在楚地后方展开游击战，断了楚军的粮草，把楚军的大后方搅得乌烟瘴气，楚军哪里还有心思在这里围攻汉军呢？

楚军这边，先是减粮，后是断炊，接着许多兵士收到家人的来信，说"汉军攻破某某城"，"汉军掠走了家里这几年的存粮"，"现在，咱们某某城被汉军包围了"之类。楚军中的大将收到这些家信，心急如焚，不断地撺掇项羽回去收拾彭越，把后方战事描述得非常紧急。

在这个节骨眼上，项羽也是非常矛盾的，他下定决心要与刘邦决战，但是也担心自己一个个美貌的姬妾、自己的金银珠宝……关键是粮道断了，楚军现在都无心在外面和汉军恋战。

经过一番思索，项羽下令回军攻打彭越。彭越和刘邦不愧是至交，就连战术都是一样的，打不过就跑。彭越深知自己不是项羽军的对手，看到情况紧急，就率军偷偷地离开了。项羽虽击退彭越，但也没有占到任何便宜。

这时候的汉军乘项羽回击彭城之机，又顺利地占据了成皋。这次的围魏救赵计划顺利地解救了成皋之围。至此，楚汉战争的天平悄悄地倾向了刘邦一方。

攻齐败楚，自立为王

刘邦从彭城之战失败后，在军事上一直处于被动挨打的地位，处境异常困难。从韩信北伐开始，才逐步扭转了这一局势，从被动慢慢转向主动。

韩信在井陉之战后名扬天下，七月间奉刘邦之命攻打齐国，继续执行开辟北方战场的战略计划。韩信奉命进兵伐齐之前，刘邦已派郦食其作为使者去齐国说降齐王。

此时的齐王田广和齐相田横对于楚汉阵营一直处于观望状态，郦生一来到齐国，齐王好像抓住了一根救命稻草，希望从郦食其口中得到更有价值的情报，于是对郦食其盛情款待。郦食其一见这阵势，便知有戏，信心倍增，酒足饭饱之后，便摇动如簧之舌，侃侃而谈。

郦食其对齐王田广说，大王要想保住江山社稷，关键是要知道当今大势，明了"天下之所归"，他是这样说的："王知天下之所归，则齐国可得而有也；若不知天下之所归，则齐国未可得保也。"

接着，郦食其向齐王田广详细分析了反秦战争以来的历史和楚汉战争的现状，将早已精心准备好的一大套长篇说词和盘托出，以令人信服的事实阐明"天下归汉"的道理，他说："汉王和楚王当初合力攻秦，曾有约定，谁先入关中，谁就当关中王。结果是汉王先入关中，项羽却违背誓约，随后又杀害了义帝，大逆不道。汉王听到消息后，发蜀汉军还定三秦，然后出关讨伐项羽的罪行。汉王收天下之兵，立诸侯的后裔，谁攻下城池，就将这座城池封给谁，获得了财物也都赏给手下的士兵，与天下人分享利益，绝不独吞独食。因此，英雄豪杰都乐意为他效力。诸侯之军，从四面八方赶来支持他，蜀、汉地区的粮食，也源源不断地用船运到他的军中。

"而项王则刚好相反，对别人的功劳视而不见，对过失却耿耿于怀，将士们打了胜仗得不到奖赏，攻破了城池得不到赐封。任人唯亲，一意孤行，结果导致天下人都反叛他，贤士豪杰都怨恨他，无人愿意为他效力卖命，逐渐成为众叛亲离的孤家寡人，失败是迟早的事。所以我说，江山迟早将归属于汉王！"

这些齐王不会不知道，但是并没有太多表示，郦食其接着开始说武功："汉王平定关中，剪除三王；北渡黄河，攻灭魏豹，东出井陉，阵斩陈余……是上天赐予汉王的福祉，单凭人的力量，不可能取得如此辉煌的胜利。现在，汉军扼守住了战略要地成皋，切断了太行山隘道；南边，英布的力量正在集结；东面，彭越让项羽疲于奔命，顾头就顾不了尾；北线，韩信正在厉兵秣马，下一个攻击目标就是大王您了。"齐王听到这番话，有点坐不住了，站起来踱步。郦食其再接再厉："天下大势的走向已经十分明了了，我觉得大王不如及早归顺汉王，保全齐国，不然大军压境，那时后悔就来不及了！愿大王深思。"

齐王田广本来就与项羽存在杀父深仇。他的父亲田荣最先起兵反叛项羽，兵败被杀，后来田广继位，继续与楚军抗衡。正是因为齐军吸引了楚国的注意力和力量，才让刘邦有了喘息的机会；而刘邦长驱直入一度攻占楚都彭城，迫使项羽不得不从齐地抽调楚军精锐，也大大减缓了齐国的危机和压力。汉、齐两方客观上起了战略策应作用，形成了一个无形的反楚同盟。在感情上，齐田无疑是倾向刘邦的。如今楚河汉界，非此即彼，审时度势作出选择，自然投靠汉王的可能性大得多。这也是郦食其有恃无恐、志在必得的缘由。

郦食其这番软硬兼施的宏论，是从刘邦与项羽在政治上的人心向背开始比较，然后对比他们对待部下的作风，指出刘邦得人心、项羽失人心的总趋势，说明刘邦终将取得天下。又列举了汉军取得的一系列军事胜利，强调天意倾向刘邦，最后再强调刘邦占有地利。这样，天时、地利、人和三项刘邦全占优势，项羽则全居劣势。此一番以齐国利害关系为着眼点的形势分析，应该说是颇具说服力的。面对项羽失败已露端倪的楚汉战争形势，齐王田广为了保住封国，决定投靠刘邦。他立即命令撤去齐国守军，与郦食其日夜纵酒高歌，以为从此可以安享太平之乐。

郦食其这位出身贫寒的六十余岁老翁，利用汉、齐的历史渊源，特别是利用刘邦、韩信取得的一连串军事胜利造成的强大威势，凭三寸不烂之舌，一举说服齐国，为刘邦立下了最大的一功。

只是没有想到，事情在不知不觉中发生了变化。

燕国投降后，韩信就积极准备北伐齐国。当他伐齐的大军还没有到达平原的时候，就听说刘邦派郦食其使齐，竟然没有费一兵一卒，使齐国的七十多座城投降了刘邦。而齐国原先为了抵御汉军严阵以待的重兵也解除了戒备，一派和平景象。既然齐国已经归服于刘邦，韩信就准备停止对齐国的进攻。

蒯彻是著名的舌辩之士，曾成功说服秦朝的范阳令徐公投降陈胜，燕赵之地闻风而降的城池达三十多座，一时间风光无限。这时，蒯彻建议韩信："汉王诏令将军攻打齐国，你也没有接到汉王停止伐齐的命令，为什么就准备停止伐齐了呢？郦食其不过是他另派过去试试运气罢了，与将军何干？再说，郦食其这个人，不过是个摇唇鼓舌的好大喜功之徒，如果真的凭口舌便降服了七十多个城池，岂不是说明将军统兵数万也抵不过一条舌头？那您做了好几年大将军，反倒不如一个书生劳苦功高了！"蒯彻说这番话也许是出于嫉妒心，也许纯粹为了显示自己，目的并不明了，但是确实改变了郦食其的命运。按理说韩信是不屑于跟一个策士争功的，但是，战乱时代，形势瞬息万变，韩信的进攻也有更深的理由，蒯彻的话起到了一定的催化作用，于是继续进军。其实这个时候，刘邦派来传达最新命令的使者已经在半路上了。

汉四年（前203年）冬十月，韩信命令大军在夜里从平原渡过黄河，突袭齐国主力。毫无戒备的齐军措手不及，一败涂地，汉军一直打到齐都临淄。田广得悉汉军逼近的消息，认为上了郦食其的当，就把郦食其叫来对他说："你如果能制止韩信大军的进攻，我就放了你；你如果不能制止，我就将你煮了吃。"郦食其在此前也得到了消息，心情异常复杂，但是百口莫辩。他先是在心里埋怨韩信不该多此一举，也有点责怪汉王的命令下达得不够及时，还觉得愧对齐田。田广的质问，使他觉得自己非常窝囊，他当然无力制止大军的进攻，只得对齐王说大话："办大事不能拘小节，道德高尚的人不怕别人恭维。大王您怎么能说出这样的话来呢？"齐王听了郦食其的大话，更加愤恨，于是就把郦食其烹杀，以解心头之恨。

临淄被韩信攻陷后，齐王率领残部继续抵抗韩信军的进攻。齐王与项羽本来是仇敌，本想与刘邦联合起来反对项羽，现在刘邦突然背信弃义，派韩信来进攻，齐王只得认敌为友，向楚军求救。

项羽绝不愿齐国落入刘邦之手，他决定救援齐国。项羽派大将龙且率兵二十万救齐国，与齐王的残军在高密会合，准备攻击韩信。

韩信闻龙且率兵救齐，知他是个劲敌，立即报知刘邦，调回灌婴、曹参二军，在潍水两岸扎下大营，并嘱咐灌、曹二将说："龙且，楚之悍将，只可智取，不能力敌，我要用计擒他！"二将领命，回营固守，数日不战。

作为刘邦麾下的一员智将，韩信善于根据各种不同情况随机应变，灵活变动战术，正所谓"强而避之，怒而挠之，卑而骄之，佚而劳之"。他特别强调战争前的预测以及对敌情的判断。战争指挥是一门复杂的综合艺术，它需要指挥员全面掌握战争取胜之道。经苦战赢来的胜利，虽值得称道，但也难称之为"善战"；真正善战者必须是有较强的实力和充分的准备，且在知己知彼的情况下大获全胜。韩信深谙此道，他的这种用兵之略，恰恰正是刘邦所推崇的。

韩信要求灌婴、曹参固守不战，楚军果然沉不住气，大将龙且以为韩信畏输怯战，欲渡河进击。此时，楚营中有一谋士向龙且提出坚壁清野、以逸待劳、策动反叛、相机破敌之计。他说："汉军远道奔袭而来，定会力战，其锋锐不可当。且齐楚联军在自己的国土上作战，容易溃散。不如深沟高垒，坚壁固守，不与汉军争锋。然后让齐王遣使到各个城池，说齐王无恙，楚军来援，号召人们抵抗汉军。齐地的人们知大王还在，又有二十万楚军支援，必然会全力以赴，一致抵抗。汉军远离后方两千多里，齐地人们若齐心协力抵抗他、打击他，那么汉军就不可能获得粮食给养，我们就可不战而降汉军。"这本是一条克敌制胜的万全之策，可惜刚愎自用、骄傲轻敌的龙且却不以为然，他说："我深知韩信为人，他很容易对付。况我奉命救齐，不战而胜，不显战功；若战场胜他，既可威震齐国，又可凭此战功得到齐国的一半作为我的封地，我为何不战呢？"

说罢，派人往汉营下战书，次日决战。韩信遣走楚使，对如何破敌已成竹在胸，即刻升帐发令：派傅宽领一支人马，筹办万余条布袋，连夜赶往潍水上游，就地以袋填沙，筑起一道拦河的堤坝，阻住水流。待次日交战时，便令将士掘开堤坝，使大水迅速倾下。又令灌婴、曹参各领一支人马，伏于潍水西岸，听到炮声，拼力杀敌。

翌日清晨，汉军将士一顿饱食过后，诸将领命而去。韩信自引一支人马渡过潍水，向楚军挑战。打了一会儿，假装敌不过龙且，引兵撤退。龙且见韩信不敌而退，就高兴地对手下说："我知道韩信是个胆小鬼，现在打不过我们，就想逃走了。"于是龙且不加防备地率大军渡河追击韩信。汉军退出河床，引诱龙且的军队进入河床，此时上游士兵马上搬走筑坝的沙袋，河水倾泄而下。

韩信发出反攻信号，灌婴、曹参两支人马一左一右扑向楚军，韩信也返身杀回，三路汉军将对岸楚兵团团围住。此种情况之下，任龙且、周兰如何骁勇善战也难脱重围，结果龙且被杀，周兰被俘，其余骑兵或死或伤。东岸楚军眼睁睁地看着主将被斩，遂不战而溃，一哄而散。至此，韩信东进两千余里，从东、北两面形成对楚军的战略包围态势，直接威胁楚军大后方。

郦食其正面说和，韩信背后出兵，虽然因为消息的不畅害了郦食其的性命，但是在客观上加快了韩信取齐的进程。齐军在郦食其的三寸之舌下解除了戒备，韩信轻而易举地拿下齐国，建立军功，两人没有任何约定却完成了天衣无缝的合作。刘邦虽痛失一酒友，却在楚汉之争中占据了有利态势。

韩信占领了齐国后，由于手握重兵，在天下占据非常重要的位置，经过反复思考，觉得兵权重要，想自立为王。于是派人向刘邦上书，说："齐国很复杂，它南面又紧靠项羽的领地，位置很重要。为了能安定这里，请让我代理齐王，否则权力太小，难以镇住齐国百姓。"

这时，刘邦正在荥阳与楚军对峙，情况十分紧急。韩信的使者到了，刘邦打开书信一看，勃然大怒，骂道："我在这儿被围困，日夜盼着他来帮助我，他却想自立为王！"这时一旁的张良凑近刘邦的耳朵说："目前汉军处境不利，不如趁机册立他为王，很好地待他，让他自己镇守齐国，不然可能会出乱子。"刘邦顿时醒悟，脑袋一转，故意骂道："大丈夫平定了诸侯，要做就做真王，何必做个暂时代理的王呢？"刘邦优厚地款待韩信的使者，然后派遣张良前往齐国，册立韩信为齐王，征调他的军队攻打楚军。

韩信见刘邦这样重视和厚待自己，就越发对刘邦忠诚了。

离间韩信，以败告终

项羽接到龙且在齐国战败的消息后，十分震惊。他怕韩信从东面进攻自己，使他处于两线作战的不利局面，于是赶忙派武涉为使者，想劝说韩信背叛刘邦。

武涉对韩信说："刘邦的命运几次都掌握在项羽的手中，但项羽不忍心置他于死地，几次都可怜他，把他放了。可是他一挣脱困境，马上就回过头来攻击项羽，可见这个人太不值得信任。你现在虽然自认为刘邦很信任你，为他拼命地卖力打江山，可是他迟早会翻脸不认人，用不着你的时候，他就会不留情面地将你杀掉。"

武涉又说："你现在之所以在刘邦这里有这样的地位，是因为项羽的力量还很强大。目前刘邦和项羽争天下，你有举足轻重的地位。你支持刘邦，刘邦就可能会取得胜利；你支持项羽，项羽就能打败刘邦。可是项羽明天失败了，后天刘邦就会收拾你，因为你将变成他争夺天下的最大威胁。"

武涉指明韩信的出路："你和项羽本来是老朋友，项羽一直对你很不错，你为什么不与项羽联合起来反对刘邦，取得三分天下而有其一的地位，反而甘心跟着刘邦做一个小将领呢？你这样聪明的人，难道甘心一辈子受刘邦的指使吗？"

韩信对武涉说："我也曾跟随过项羽几年，不过是当了个郎中，任务只是拿武器为项羽守卫。我的建议项羽听不进，因为得不到项羽的重用，才离开他，投靠了刘邦。我到了刘邦这里后，受到他的重用，任命我为上将军，让我带领数万人的军队。不仅如此，我的意见他虚心听，我的建议他采用，所以我才有了现在的地位。刘邦这样信任我，如此重用我，我怎么能背叛他呢？我不会背叛刘邦，但也请你代我感谢项羽的好意。"

蒯彻也去游说韩信，希望韩信脱离刘邦，独树一帜，成三足鼎立之势，最后取代刘邦和项羽，称霸天下，韩信没有答应。

蒯彻见到韩信后，先对他说："我曾经学过相人之术。"韩信问道："你相人相得准吗？"蒯彻回答："一个人命的贵贱，看他的骨骼；喜怒哀乐，表现在外表；至于事业的成败，则主要看他的决断。从这几个方面来相一个人，肯定准确无误。"

韩信就问："那请你给我相一相怎么样？"蒯彻说："请所有人离开这里。"韩信令手下都退下后，蒯彻才对韩信说；"从你的骨骼看，贵不过封侯，前途上又潜伏着不安的因素；从你的面相看，你却是大贵之相。"韩信问："这怎么解释呢？"蒯彻借此对天下大事大谈自己的看法。

蒯彻首先分析了刘邦与项羽斗争的形势，说："项羽在彭城打败刘邦后，一直追击刘邦到荥阳，取得了一系列胜利，威震天下。但是，现在项羽的军队被刘邦阻击在京、索之间，由于各方面不利因素，三年都无进展。项羽军队的锐气，已经在刘邦险要的防线前受挫，粮食供应也出现困难，楚国的百姓也厌倦战争，项羽难于再坚持下去。"

蒯彻又分析了刘邦的处境说："刘邦拥有数十万大军，依据山河的险要之势建立起防线，但在军事上毫无进展。他败走荥阳，又在成皋受伤。"

蒯彻又归结说："现在楚汉两军的锐气，都已在长年的对垒中受挫，他们想打开局面都很困难。而后方的百姓都疲惫而厌战，希望能尽快结束战争。依我看，必须有贤能之士出面干预，才能结束这场祸害。刘邦和项羽的命运，都决定于你。你支持刘邦，刘邦就会战胜项羽；你支持项羽，项羽就会成为胜利者。你最好的选择便是和刘邦、项羽都和好，采取平衡的外交，你自己独立，与刘邦、项羽三分天下，鼎足而立，谁也吃不掉谁。"

蒯彻认为韩信在三分天下之后的优势有："以你的军事智谋，有这么多兵力，占据了齐国这样富庶的地方，燕、赵两地又听从你的指挥，你就控制了刘邦和项羽的大后方。你再根据百姓的愿望，出面制止刘邦与项羽的战争，恢复暂时的太平，天下谁敢不听你的话！"

蒯彻认为韩信因为战功显赫，已引起了刘邦的不安，今后很难再协调和刘邦的关系。蒯彻说："勇敢谋略超过自己主人的人，自身的处境就会很危险；功盖天下者，就无法得到赏赐。你这次北伐，渡过黄河后，俘虏了魏王豹；又在井陉一战，杀了陈余，平定了赵国；接着又威胁燕国投降；最后在伐齐战争中，还打败了项羽的二十万援军，杀了他的统帅龙且。你立了天下无双的大功劳，军事计谋也没有人可以与你相比。你现在的威望已经危及刘邦的地位，立下了无法赏赐的功劳。你现在处于人臣的地位，而名望却高出了你的主人，谁也不能容纳你。只有独立，才是你可选择的唯一出路，如果还犹豫不决，处境可就愈来愈危险。"

韩信听了蒯彻的一再劝说，虽然有所心动，可仍然下不了背叛刘邦的决心。他认为自己功劳最大，刘邦不会夺去他齐王的位置，所以还是决定归顺刘邦。当韩信把他的最后决定告诉蒯彻后，蒯彻就离韩信而去了。

总的来说，韩信对汉王是忠诚的，但是封王事件让刘邦和韩信结下了"梁子"，也为韩信最后不得善终埋下了祸根。

撕毁契约，乘胜追击

刘邦与项羽在广武对峙期间，刘邦的实力明显增强，出关参战的军队源源不断，粮草得到补充，汉军占据了很大的优势。刘邦不仅从关中招来了大批新兵，北貉（今东北一带的少数民族）和燕也派兵支援他。项羽这边的情况可就惨了！彭越、刘贾等人率军在楚军后方不断袭击其运输线，韩信也从齐国来捣乱，同样进攻项羽的后方。楚军的境况每况愈下。

刘邦想，该是解救老爷子和吕雉的时候了。他先派了陆贾转达项羽，要求放回老爷子和吕雉。

陆贾是个学识渊博、能说会道的人。虽然项羽对他态度冷淡，但陆贾一点儿也没灰心。陆贾先是对项羽体恤百姓赞扬了一番，表示自己非常同意项羽提出的为了百姓休战的主张。接着，陆贾又向项羽分析了楚军现在的情况，楚军现在是供给不足，士兵疲惫不堪、士气低落，实在不适合再战。汉王关心父亲和妻子的安危，也认为和谈是最好的解决方法。这样一来对刘邦、项羽，乃至天下苍生都有利，皆大欢喜呀！

陆贾滔滔不绝、口若悬河地说了半天，楚国的大臣们也觉得有道理，项羽却不买他的账。项羽是个永不服输的人，坚持要与刘邦决战到底。他气冲冲地把陆贾数落了一顿，陆贾不敢再多言，就回去了。

虽然陆贾没成功，可是刘邦不死心，又派侯生再去与项羽谈判。临出发前，侯生向刘邦提出楚汉双方以鸿沟（在河南中牟县，即今之贾鲁河）为界，以西为汉、以东为楚的建议。这个办法是解当时燃眉之急的最好方法。

侯生这个人长相不起眼，平日里不修边幅，但遇事非常冷静。他见到项羽就表示自己只是来看望他，不提谈判的事。项羽对他的来访有点儿丈二和尚摸不着头脑，于是派人去送酒菜，主要是打探一下侯生是干什么来的。侯生对项羽的意思心知肚明，他不慌不忙，给来人讲起了养生之道。

这么一来项羽可急坏了，侯生到底是什么意思呀？项羽坐不住了，主动召见侯生。项羽问侯生："刘邦派你来干什么呀？"

侯生不紧不慢地回答道："没有什么重要的事。"接着又开始给项羽讲养生之道。项羽看着侯生面不改色心不跳的样子，快急死了："你就说说刘邦派你来的目的吧！"

侯生一本正经地表示自己保持中立的态度，说："我可不是汉王的人，我是天下百姓的代言人。汉王的意思不是最重要的，关键是你们能否意见统一。"

项羽一听，来了精神："如果是为了百姓们好的事，我们倒是可以心平气和地谈谈！"侯生向项羽说了以鸿沟为界的主张和理由。其实，以项羽的性格脾气来说，他当然不甘心接受刘邦的任何和解主张。但摆在他面前的事实是，他已经再无力量继续与刘邦在荥阳、成皋一带对峙下去了。要么等待刘邦一点点消耗掉自己、击败自己，要么接受刘邦提出的暂时妥协建议，项羽只能从中进行选择。项羽虽然有宁死不屈的性格，但他还是认清了形势，接受了刘邦提出的暂时和解与妥协的方案。

跟刘邦打成平手，身为将门之后的项羽心中有点遗憾，有输的感觉。但是，留得青山在，不愁没柴烧。项羽条约既签，立即罢兵回走东方。

九月，项羽归还了刘太公和吕雉，并撤兵东归。至此，历经两年五个月的楚汉成皋之战就这样落下了帷幕。

在楚汉之争中给人留下了"逃跑"印象的刘邦终于吐了一口气，这下可以好好歇着了。刘邦心满意足。老爷子和结发妻子都回来了，自己也可以安安稳稳到关中做王了，刘邦陷入前所未有的轻松之中。听到帐外汉军官兵的笑谈声，刘邦心里美滋滋的，昏昏欲睡。

这时张良、陈平求见。刘邦以为二人是来祝贺的，没想到两人脸上全无喜悦之感，一脸的严肃。刘邦心中一惊，忙问："怎么了？项羽反悔了么？"陈平说："项羽怎么会反悔？他怕您反悔才对！"刘邦听出话中有蹊跷，马上求助地看着张良，张良说："现在汉王已占有大半个天下，各路诸侯又都归附、支持我们。而楚军兵疲粮尽、孤立无援，处境十分困难，这正是消灭楚军的最好机会。如果不趁这个机会击败楚军，等到楚军回到江东，力量恢复过来后，就再难以打败他了。如此就等于是放虎归山，给自己留下了无穷的后患，不如索性趁此机会把它消灭。"

刘邦一听，一下子清醒了过来，觉得张陈二人说得非常有道理，连忙说："你们说得对，差点让项羽诓了我，不行，这次我一定把他的老本都要过来！"他立即下令汉军越过鸿沟，从背后向楚军发起偷袭，同时调集韩信、彭越、英布三股兵力，要彻底歼灭楚军。

刘邦就这样破坏了自己提出的以鸿沟为界中分天下的协议。刘邦与项羽在新的战场上，重新开始了争夺天下的战争，暂时的妥协与和平就这样被破坏了。

其实，以鸿沟为界的和平协议，楚汉双方是仓促达成的，本来就是不现实的，所以很快就被破坏了。项羽当时之所以答应了这一协议，是急于撤兵回东方，以解决威胁后方的彭越、韩信等问题。不可一世的楚霸王也并没有真的想履行这一协议，甘心与刘邦平分天下。主要是楚军当时在广武前线处境十分困难，军疲粮尽难于再支撑下去，项羽主动撤退，会显示出楚军的失利，又有损于情面与威望。他正在进退两难的时候，正好刘邦提出了这个暂时和平的协议，楚军得以体面地撤军，给了项羽一个台阶下，所以他没有讨价还价，就接受了刘邦的和解建议。

从和解协议达成后，刘邦准备回关中的情况看，他本是打算暂时遵守这一协议的。协议达成后，虽然项羽释放了刘太公和吕雉，但是这个和解协议明显对项羽有利，可以使他巩固后方，为重振力量赢得喘息的机会。可刘邦为什么还准备暂时履行协议呢？说明经过漫长的战争，汉军当时也有很多困难，刘邦也想借机休整一下再与项羽展开决战。

按照和解协议，鸿沟以东是项羽的势力范围。可是，在项羽势力范围内的大后方，彭越和韩信这两支刘邦的军队怎么处理呢？协议并没有说明，所以即使刘邦不越过鸿沟追击楚军，项羽东撤以后，也会用武力解决掉这两个插在背上的尖刀，到那时，刘邦当然不能作壁上观，所以新的战争终究是不可避免的。

鸿沟议和时正是汉军消灭楚军的最佳时机，如果此时不出手，历史也许会改写，刘邦也许还会陷入被动挨打的局面。刘邦不要一诺千金的虚名，胜者王败者寇，他的生存哲学和"无赖"逻辑又一次帮他完成大事。

刘邦与项羽决战，可以说就是以卵击石，他自己心里是十分清楚不过的。到达阳夏后，刘邦就立刻派人命彭越、韩信火速赶来会合，共同进攻项羽。可是，由于韩信和彭越当时都立下大功，但并没有得到应有的奖赏，所以迟迟不愿来会合。项羽见刘邦孤军奋战，并没有援军的到来，抓住时机，回军反击汉军，两军在固陵大战。汉军果然大败，不得不坚壁据守。

刘邦再次陷入困境，张良不失时机地向刘邦分析了韩信和彭越没来援助的原因，刘邦听了，如醍醐灌顶、恍然大悟。

在这个节骨眼上，刘邦当然不能小气了，于是表态："我当然愿意与他们共享天下了，你快说，怎么个分法？"张良说："将陈县以东到海滨一带地方都给韩信，把睢阳以北到穀城的地方给彭越，使他们各自为自己而战，楚军就很容易被打败了。"刘邦一盘算，这地盘可不小呀，但表面上还是痛快地答应说："好，好。"

于是刘邦马上派使者去韩信和彭越那里，按照张良的建议，封他们为王。二人果然回报说："马上出兵击项羽。"于是韩信从齐国，彭越从梁地，同时进发，到达垓下。大司马周殷叛离楚王，发动九江兵力，随同刘贾和彭越一起会师在垓下，大大增加了刘邦的力量。

刘邦目光长远、有政治头脑，关键时刻善于收买人心，这些优点对于他在与项羽的争斗中取得胜利是至关重要的。项羽虽然英勇善战，但是目中无人，该下手的时候犹豫不决，该收手的时候依然硬挺，实力是一天不如一天。从此，楚汉力量的对比发生了根本变化。

霸王别姬，乌江自刎

固陵战败的事实再次表明，没有韩、彭部队的参战，刘邦只是凭自己所直接统率的部队与项羽直接统率的部队作战，刘邦战胜项羽的可能是非常微茫的。

韩信、彭越、英布等援兵一到达固陵，就对项羽发起了进攻。项羽看形势不利，命令大军后退，但是汉军却穷追不舍。这样追追打打十几天，楚军退守到垓下（今安徽省灵璧县东南）。

楚军这时只有不到十万人，而韩信率领多达三十万汉军。刘邦让韩信做前锋，孔熙和陈贺为左右军，刘邦居阵中，周勃殿后。

楚军大营和汉军大营遥遥相对，韩信为了灭楚军气焰，消耗其实力，让孔熙、陈贺等各自领一支队伍埋伏在预先设定的位置，等到楚军一来，就狠狠地攻击他们，分散他们的兵力。

又命一支部队摇旗呐喊：

> 人心都背楚，天下已属刘。
>
> 韩信屯垓下，要斩霸王头。

这下可把项羽气坏了，发誓一定要杀了韩信，否则绝不罢休。

于是项羽带了一批人马冲了出来，在双方正打得起劲的时候，韩信和刘邦假装支持不住了，想要逃跑。项羽怎么能让他们跑了呢，下令一定要追上刘邦，剥了他的皮，以解心头之恨。

追着追着，突然从一个山包后边杀出了孔熙的队伍。项羽不得已派一部分兵力抵抗孔熙，自己带着其他人继续追刘邦和韩信。但是哪料到又杀出了陈贺，还得再分一部分人对付陈贺的伏军。

项羽就这么一步一步走进了韩信为他设的圈套里，中了十面埋伏。项羽赶紧下令后撤，可是来不及了，刘邦的各路伏军一起蜂拥而上。

楚军被汉军重重围困，而且是弹尽粮绝，又正值隆冬，天寒地冻，士气低落，处境相当困难。

项羽部队在垓下修筑了营垒，兵少粮尽，惨淡经营。深夜，项羽辗转难眠，孤灯独坐，心中越是筹划越觉得这一次劫数难逃了。他心中十分烦闷，一个人喝酒，惊动了睡梦中的虞姬。自从彭越不断骚扰彭城，项羽就把宠妃虞姬带在身边。虞姬虽不懂行军打仗，但是以前每次看项羽无论胜败都是胸有成竹，这次却和以往大不相同了。虞姬起来为项羽披衣，这时，宁静中依稀可以听到歌声，两人仔细一听，原来是汉军营地传来的楚地歌谣，项羽大惊失色："难道汉军已经完全占领了楚地？怎么汉军营中楚国人这么多呢？"虞姬无言以对。

原来，为了动摇楚军的军心，汉军战士于夜间在四面唱起了楚地的歌曲。寂静的夜晚，阵阵楚歌传来，由远及近，忽高忽低，此起彼伏。歌声把被困在重围之中的楚军将士从困倦和睡梦中唤醒，楚兵们听着那熟悉的家乡歌曲，不禁悲从中来，歌词是这样的：

隆冬时节雪花飞，身上缺衣肚中饥。

白发倚门盼儿回，痴情妻子望夫归。

刀剑无情人命危，骨埋沙场有谁怜？

楚败汉胜是天意，何必为人作嫁衣？

被围困的楚军将士，大都是跟随项羽转战多年，在所向无敌的统帅之下，人人如同猛虎，所向披靡。而如今，身陷重围，粮食已尽，自知难以逃生。危难之中，昔日那倍感亲切的楚歌，今夜却是那样地凄凉，令人顿生绝望之念。确切地说，在发起总攻之前，汉军在四面所唱起的楚歌，唱得凄凄惨惨、如泣如诉，把楚军将士以往的勇气和信心即他们的灵魂给摄走了，似乎都变成了六神无主的躯壳。总之，四面的楚歌声从思想上解除了楚军的武装。试想，在这种形势和气氛之下，楚军将士还能够像当年在巨鹿城下那样"无不以一当十"、"呼声动天"吗？

于是，楚军士兵们纷纷丢盔弃甲，有的投降了刘邦，有的逃回家，几天后，楚军的士兵跑了一大批，只剩一两千人了。项羽听到楚歌的声音，也十分惊慌。

在四面楚歌声中，项羽一下子苍老了许多。曾几何时，破釜沉舟，以少胜多，大破章邯军，令各路诸侯将领不敢仰视；曾几何时，三万精兵，将六十万汉兵打得落花流水，狼狈逃窜。刘邦是谁？有大丈夫的样子吗？这样的人怎么算是英雄呢？可是，我项羽就要输给他了吗？

项羽觉得大势已去。此刻，他感到身边同他感情最深的，一是多年伴随他经历风雨的美人虞姬，二是多年来供他骑坐的、以"骓"命名的骏马。心中十分难受，于是自己作诗吟唱道：

力拔山兮气盖世，时不利兮骓不逝。

骓不逝兮可奈何，虞兮虞兮奈若何。

歌词的大意是说：自己力大无比，气吞山河，然而由于天时不利，连战马也不肯向前奔腾了。既然战马已经不肯向前奔腾，这可怎么办呢？虞姬啊，虞姬啊，我把你可怎么安置啊？

虞姬也含痛附和着伴唱，唱完便拔剑自杀了。

在虞美人自刎的当天深夜，项羽跨上战马，带领部下的壮士和骑兵八百余人冲出汉军的重重包围，向南方飞驰逃去。直到天亮时分，汉军才察觉，刘邦得知项羽竟能从重重包围中逃走，大为惊讶，立即令骑兵将领灌婴率五千名骑兵紧追不舍。

项羽渡过淮河后，身边仅剩下一百多骑兵跟着他，其余的都被他远远地甩在后边。逃至阴陵，慌忙之中迷失了道路。项羽向一个田夫问路，这个田夫欺骗项羽说向左走。楚军照田夫指的路走下去，结果陷入大泽中，行动困难。待项羽的百余名骑兵从沼泽中挣扎出来的时候，灌婴所率领的五千名汉军骑已经赶到。

项羽又带领随从骑兵向东逃走，他坐下的"骓"马四蹄飞奔，尘土四起，到达东城（今安徽定远县东南）时，只剩下二十八名骑兵了，而后面追赶上来的汉军骑兵却有数千人。

紧跟项羽一同奔驰的二十八名骑兵，他们的战马虽说比不上"骓"但也堪称是高头大马，骑士们勒住缰绳后仍在长声嘶鸣，前蹄刨土，还想向前方奔去，而马上的二十八名骑士，个个稳坐于马上，手持长戟，上身笔直，面色铁青，一个个犹如铜铁铸成的塑像。总之，这二十八名骑士和二十八匹战马，是从项羽的千军万马中熔炼出来的精华。虽说是在危亡关头，却个个精神抖擞。此时此刻，这二十八名骑兵，在精神上依然保持着无敌的神威。

项羽回首望去，见汉军骑兵遮天盖地般追来，尘埃四起。他考虑到一味奔逃已不是出路，便下令跟随的骑兵停了下来，对二十八位骑兵说道："诸位兄弟，我起兵至今已有八年了。八年之中，我身经七十余战斗，凡是敢于抵挡的，无不被我击破，凡是被我攻击的，无不被降服，从未曾有过败阵，这才称霸于天下。然而今天却被围困在这，这是上天要灭亡我，并非是作战上有什么过错。今日要决一生死，诸君痛快地战上一场，定要接连三胜敌人，为诸君表演溃围（突破包围）、斩将（斩杀敌将）、刈旗（砍断敌军旗帜），令诸君知道上天要亡我，并非是作战上有什么过错。"

随后，项羽就把他的随从分为四队，朝着四个方向冲杀。项羽大声呼喝向下直冲，很快就斩杀了汉军一员大将，项羽的兵马所到之处，汉军无不溃散。汉军把军队分成三部分，重新包围上来。项羽又冲出去，

第五章 楚汉之争，以智取胜

斩了汉军的一员大将，并杀死一百多人。之后，项羽集合他的骑兵，发现只不过损失了两个人，便问他的随从："我打得怎么样？"骑兵们都佩服地说："主公真是勇猛无敌！"

接着，项羽趁乱杀出重围，一路向南狂奔，来到了乌江口。当时，乌江亭长很佩服项羽的英勇，听说他战败了，就准备好一条船在这里等他，想助他一程。他对项羽说："江东虽然地方小，但也方圆千里，民众数十万人，足够您称王，请大王急速过江。这里只有我有船，汉军即使追到这里，也没有船只可渡。"

面对着滚滚流水，项羽眼前再次浮现出八年前率领八千江东子弟兵渡江反秦的雄伟场面，那是何等壮烈！而如今，这八千名子弟兵都已捐躯沙场，无一生还，自己如何向江东父老交待？想到这里，英雄一世的项羽毅然地打断了想要"东渡乌江"的念头，笑着对乌江亭长说："上天要灭我，我还渡江做什么？况且我项羽当年率领八千名江东子弟渡江北上，如今无一人生还。纵使江东的父老们怜爱我，拥戴我为王，我还有什么脸面去见他们？纵使他们不说我什么，我项羽难道不有愧于心吗？"

说完，项羽便命令部下下马，拿刀与汉军厮杀。项羽一人就杀死汉军几百人，但他也受了重伤。此时，项羽已经无力再战了。他突然看到了汉军骑兵司马吕马童，便对他说："你不是我的旧相识吗？我听说汉王悬赏千两黄金买我的脑袋，我就将这个好处送与你吧！"说完就自杀了。

项羽死后，刘邦很快便平定了楚国各地。楚怀王曾封项羽为鲁公，所以鲁城百姓对项羽念念不忘，因此对汉军顽强抵抗。刘邦非常恼火，亲自督战，准备破城之后屠杀城中百姓。但是，当他准备攻城之际，却听到城内传来琅琅读书声，刘邦感到很奇怪。张良建议刘邦："鲁城是礼仪之邦，百姓们并不是怕死，而是在为自己的主人守礼死节，大王还是不要攻城，劝他们归顺吧！"于是，刘邦下令停止攻城，并派人把项羽的头颅展示给大家看。刘邦为项羽举行了隆重的葬礼，将项羽葬在谷城。葬礼上，刘邦想起了自己与项羽并肩作战的场景，百感交集，十分伤心，也不禁痛哭。鲁城百姓看到刘邦哭了，也很感动，就归降了刘邦。刘邦厚葬项羽的行为非常明智，尽显他的高明和大度。

至此，历时四年之久的楚汉战争以刘邦的胜利落下了帷幕。项羽生于乱世，起兵抗秦，勇猛无敌，最终称霸天下，但终因性格上的原因，败给了刘邦，但我们不得不承认项羽的确是一位英雄好汉。

第六章
一统天下，建国称帝

　　战争结束以后，面临的就是统一天下，建国称帝，分封诸侯。如何达到合理公平分封，如何保证国家的长治久安，这些都是开国皇帝刘邦所要想和所要做的。刘邦把陈平、萧何、张良称为楚汉三杰，这是在告诉世人，统一天下不仅需要文官，还需要武士。

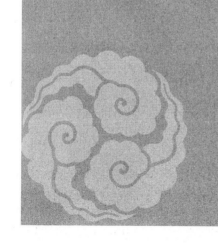

没收兵权，稳固基业

历时四年之久的楚汉之争终以刘邦的胜利而告终。公元前202年年底，寒风怒号，大雪纷飞，天寒地冻。

一支庞大的队伍在广袤的平原上慢慢行走，所过之处，留下了凌乱的脚印，不一会儿就被大雪覆盖了。在这种境况下行军的兵士，并没有叫苦连天，反而显得十分活跃。战争结束了，再也不用东奔西跑去打仗了，此时此刻他们心中酝酿着许多许多愿望。

饱经忧患的中原大地在雪中显得那么宁静，但是坐在车上的一位"老人"心中一点儿也不宁静。曾经风风光光的泗水亭长此时已经衰老了许多。在与项羽一次次的交锋中，他没有承认过自己老了；在一次次被迫逃亡时，他也没有认为自己老。此时，楚汉之争结束了，他终于有片刻宁静去想一想了，五十五岁，两鬓斑白，他终究已经老了。

刘邦在车中叹息了一声，随即掀开车的门帘，凛冽的寒风吹到他的脸上，他感觉到刺骨的凉意，刚才昏昏欲睡的感觉一扫而光。

众所周知，韩信是楚汉之争中的关键人物：他向楚，则汉灭；向汉，则楚亡。刘邦对韩信有知遇之恩，韩信也为刘邦立下了汗马功劳，只是项羽一死，天下局势大变，韩信一下成了刘邦的心腹之患。曾经有两件事，使刘邦一直耿耿于怀，楚汉战争进行到最激烈的时候，韩信两次"要挟"刘邦，第一次是要求刘邦封他为齐王，第二次要求刘邦给他地盘……

想到此，刘邦不禁有一种失落感，心里琢磨着，是该收回兵权的时候了，在这个时候，他心中酝酿着三件事情。

第一，削弱韩信力量。刘邦认为，他与项羽的战争已经结束了，天下太平了，而兵权还在韩信手中，此时不把兵权夺回来，日后必成为一大祸根。收回韩信的兵权是当务之急。刘邦先是好言相劝，让韩信当了齐王。但是齐国物产丰富，地势险要，让韩信当齐王还是不妥，有危险。

第二，封彭越为梁王。此举是对彭越相助的报答。刘邦虽然封了彭越为梁王，但是只分给他一小块封地，也是为了削弱其实力，和对待韩信大同小异。

第三，对付项羽的残余势力。占据江陵的临江王共尉拒绝臣服刘邦，刘邦立即命汉军出击，很快取得胜利，擒获了共尉。同时，汉军又迅速进攻以吴郡为中心的长江下游地区。至此，原秦王朝的疆土都被汉王占领了。

为了此事进行得更稳妥，于是找张良来车中一谈。张良掀开车帘进去，很自然地坐在刘邦的旁边，两人名为君臣，但是在感情上是非常亲近的。张良直截了当地说："主公这次匆匆前往定陶，是对韩信不放心吧？"刘邦嘿嘿一笑说："什么也瞒不过子房的眼睛呀，不知你觉得如何？"张良道："天下已经四海归汉，是该收兵权的时候了，但是此事需要稳妥进行，主公还是不要事先派兵士传令了。"刘邦感慨地说："还是子房想得周到。"

随即，刘邦问左右："离定陶还有多远？""大概有九十余里。""嗯，吩咐下去，不要太过声张，加快行军速度。"

刘邦到达韩信军队的统帅部定陶时，正值黄昏时分，刘邦突然造访了韩信营中。

城门上的守卫看到刘邦军队，似乎有一点点骚乱，张良喊道："是汉王来看望你们齐王来了，赶紧开城门。"沉寂了一会儿，大门缓缓打开，一小队卫兵鱼贯而出，领头的非常恭敬地对刘邦施礼，说话非常乖巧："我们已经禀报齐王……"

再说韩信完成"十面埋伏"并助刘邦剿灭楚军的军事任务后，并没有在垓下战场停留太久。战利品是有的，韩信不想和刘邦争夺，还不如回到自己的封地上清闲几天。韩信觉得天下始终要重新分配地盘的，但是他韩信并不去争，他相信自己的才能，即使不动兵戈，也能封王封侯。

几天来，韩信和几个将军一直在室中喝茶，谈论兵法，正谈到起劲处，突然听到有人慌慌张张来禀报，说汉王到了。韩信与众将军面面相觑，来不及多想，忙起身前去迎接。

外面人声嘈杂，韩信远远就看见刘邦等人，迎上前去说："主公，你来得好突然呀！"刘邦面带笑容，拍拍韩信的肩膀说："怎么，你不欢迎我？"韩信一时不知怎么回答，刘邦也不用别人引路，径直走进大厅，韩信紧跟其后，一大帮人包括刘邦的随从、韩信的随从都落在后头。韩信一边走一边想："这老头子什么意思呀？莫不是又像上次一样……"

刘邦做出漫不经心的样子，左看看右看看，然后拿起显眼处的军印，摩挲着，对韩信说："现在天下太平了，你劳苦功高，不用在此地受累了，封你为楚王，到下邳建立国都……"

就这样，汉王不动声色地收了韩信的兵权，控制了韩信的军队。汉王心中的一块石头也终于落了下来。

突然被毫无理由地收回兵权，谁也不知道此时的韩信在想些什么，后世的史学家有诸多的猜测和评论，也许韩信确实感念刘邦的知遇之恩，并无反心；也许韩信在那种形势下来不及多想，只能做出那样的回答，事后也觉得不公，但是终究认为反反复复不是大丈夫所为……不管怎样，韩信的一个决定改变了一段历史。

楚汉之争，韩信居奇功，天下平定后又手握重兵。刘邦要稳定天下，第一步就要收回韩信兵权，于是迅速决断，让韩信没有任何思考的余地。灭了诸侯杀机，给天下以安宁，刘邦的做法得到后世许多思想家的赞誉。自此以后，刘邦从军事实力到政治影响力都达到了"唯我独尊"的地步，后来的称帝定都也就顺理成章了。

刘邦称帝，建都关中

韩信手握兵权，刘邦乘其不备，迅速地收走了兵权，可以说是一个很明智的做法。刘邦收回兵权后，就在定陶住了下来，避过寒冬。三军在此得到休息，刘邦也开始描绘自己未来的蓝图。不打仗了，时间过得很快，转眼冬去春来。

楚汉之争时，刘邦和项羽都没敢自称为皇帝，并不代表刘邦对皇帝的称号没有兴趣。以前不敢自称皇帝，是因为还有个项羽，现在刘邦已成为胜利者，称帝也是必然的。

但是尧舜圣君都是别人推举出来的，此时的刘邦还缺几个推举的人。刘邦思来想去，这事还得找张良，于是找来张良，给他说了自己的想法。张良是个聪明人，一听自然明白其中的用意。

汉五年正月，诸侯王和文武大臣联名上书刘邦，请求刘邦称皇帝："楚王韩信、韩王信、淮南王英布（即英布）、梁王彭越、故衡山王吴芮、赵王张敖、燕王臧荼，共同请求大王陛下：秦王朝因行无道之政而被天下人推翻。大王先入关中，得秦王子婴，平定三秦，功盖天下，安定万民，功大德厚，又施恩惠于有功劳的诸侯王，使他们能设立宗庙社稷。现在对天下诸侯的分封已结束了，而大王您与诸侯王的位号相同，没有上下的区别。因此，大王的伟德就无法广布于后世。请求大王称皇帝尊号。"

刘邦就是在等候别人的推举，此时他喜不自禁，恨不得马上称帝，但是却脸一沉，说："我出身贫寒，能带领大家扫灭暴秦是我的幸运，也是天下诸王的功劳，我怎么能一人独占功劳！"一句话把韩信等人噎回去了，韩信走后，刘邦又怕自己语重，打击了各位的积极性，就派张良去慰问。

接着韩信等人又上书刘邦又拒绝，一来二去，刘邦觉得也差不多了，不能再推辞下去了。最后一次，韩信带领诸王亲自跪请，说："陛下以一介平民起义，灭乱秦，声威震动海内；又从僻陋的汉中之地出兵，行威德，诛灭不义之人，平定四海，立下大功。大王的恩德已广传四海，诸侯王的王号已不足道之，愿大王登皇帝之位，以顺应民意，造福百姓。""大王虽然出身贫寒，但率领众人扫灭暴秦，诛杀不义，安定天下，功劳超过诸王，您称帝是众望所归……"韩信说得声情并茂，十分恳切。刘邦说："诸侯王既然以为称帝号有利于天下百姓，那就这样定吧！"就同意了诸侯王的推戴。

大臣三百余人，与博士叔孙通一起选择良辰吉日，定于二月甲午日，拥戴刘邦加皇帝尊号。就在这一天，汉王刘邦在汜水之阳（今山东定陶境）即皇帝位，完成了登基大典，取得了统治中国的法定地位。汉王刘邦称了帝，王后吕雉便被尊称为皇后，太子刘盈被尊为皇太子，刘邦已经死去的母亲被追尊为昭灵夫人。此时，不可一世的秦始皇被扫进了历史的故纸堆，战无不胜的西楚霸王也黯然离开了历史舞台，两人的背影成为大汉帝国开国皇帝登基大典的一抹背景色。这年刘邦五十五岁，已经是一个两鬓雪白的老翁了。

刘邦即皇帝位以后，为了发展生产，安定社会，五月，遣散士兵回家。他下诏说："诸侯士卒在关中的，免除十二年不征徭役，回归本土的，免除六年不征徭役。有的老百姓以前在山泽之间聚居以求在乱世自保，脱离了户口名数。现在，天下已定，应回归原籍，恢复原来的爵位田宅，地方官吏应以文法教育说服而不要鞭笞他们。百姓因为饥饿自卖为奴婢的，一律赦免为庶人。军吏卒逢大赦，无罪的，失去爵位的，爵位不及大夫的，一律赐爵为大夫。原来是大夫的，一律再加赐一级。凡爵位在七大夫以上的，都让他们食邑，不是七大夫以上的，一律免除他自己及家庭的徭役。"又说："七大夫、公乘以上，都属于高爵。诸侯将士及从军归乡的，很多有高爵。我曾数次下诏官吏，先给予他们田宅，对官吏有所求的应尽快满足。有高爵的人，也属人君，皇帝尚且尊重他们，而地方官吏却藐视他们，这是很没规矩的。先前的时候，秦代爵位至公大夫以上的，县令、县丞都为之行礼。现在，我对于爵位并不轻视，官吏又怎敢这样！况且法律规定，论功劳赏赐田宅，而未曾从军的吏都已满足，有军功的却反而顾不上，这是守尉长官教导无方。现在命令官吏要善待高爵，以称吾意。有不按诏书办事的，从重论处。"

同年六月，刘邦与开国重臣商讨，学习周朝，定都洛阳。接着刘邦移驻洛阳，派官员修葺洛阳宫室，加固城墙。一时间，洛阳天下工匠云集，一片热火朝天的景象。

但是，这时候有一个人站出来坚决反对在洛阳建都，此人只是一个小小的戍卒娄敬。

齐地人娄敬被征发到陇西戍守，正好经过洛阳，见洛阳大兴土木，知道刘邦想长期定都洛阳。娄敬虽然只是一个小小的戍卒，但是对政治很有一番见识，平时和同伴讨论天下人事，时常流露出对大汉开国皇帝的敬佩之情。在洛阳建都，他觉得不合适，就去找自己的同乡虞将军，让同乡虞将军代为引见，只说要禀报要事。虞将军劝娄敬换一身新衣服，娄敬坚决不肯，他说："我穿帛衣，就帛衣见皇上；穿褐衣，就褐衣见皇上，绝不会换衣服的。"

当时汉朝初建，等级制度并没有建立起来，跟着刘邦打天下的文臣武将出身大都低贱，门第观念是很淡薄的。虞将军觉得自己老乡颇有见识，引见一下也无妨。稍加思量之后，就同意了娄敬的请求。

娄敬见刘邦的时候就穿了一件破旧的羊皮夹袄，一出汗，周围的人都能闻到羊腥味，虞将军都为自己的同乡感到不好意思，周围的大臣都皱着眉头。但是这个娄敬说话不卑不亢，谈吐不俗，刘邦见了，心里有几分喜欢，就赐宴招待，酒足饭饱后，刘邦自然要问娄敬："因为什么事急着求见呢？"娄敬说："陛下以洛阳为都，难道是想同周代比盛大吗？"娄敬见刘邦不说话，接着说："当今天下和先前的周朝已经不一样了……"刘邦赶紧问不同在哪里，娄敬说："周朝建立历经十余年，推行仁政，天下归心，后建都洛阳，诸侯四面来朝贡，距离相差不远；而今汉朝始创，民心不稳，不适宜仿照周朝盛世建都洛阳。皇上应该到关中定都，这样便可以在秦地固守险地，国家才能长治久安。"

娄敬对关、洛地区的分析，显示出了非凡的政治眼光。刘邦自此也认识到洛阳虽处于天下之中，却是四战之地。经过三年推翻暴秦的战争以及四年的楚汉之争，以洛阳为首的关东地区遭受了惨重的破坏，经济恢复和发展需要时日。都城周围如果不是富庶之地，那么都城的维持就会困难重重。另外，刘邦也认识到异姓王侯的封国大都集中于关东南北与东边，这些半独立的政权与中央王权还存在着种种矛盾。

于是刘邦就召大臣们商议，大臣们极力反对。大臣们多是关东人，他们希望定都关东；另一方面，秦始皇定都关中，不是经历了两代就灭亡了吗？这样刘邦就矛盾了，决定不下，就问他的谋士张良，张良略微思索一下说："关中金城千里，天府之国，进可攻，退可守，是定都的好地方。娄敬的话有道理！"刘邦当时就拍板："好，定都关中！"

为了表彰娄敬建议迁都关中的功劳，刘邦还赐娄敬姓"刘"，并任命刘敬做了郎中，号为"奉春君"。汉五年后九月，刘邦下令把诸侯之子迁徙到关中，以巩固新都，并下令修建长乐宫。

定都关中的好处到平定诸侯王时才彻底显现出来，在建立和维护大汉中央集权的过程中起了关键作用。后来的历史发展证明，汉王朝将都城设在关中，的确是一项英明决策。

平定天下，分封功臣

　　刘邦称帝以前，已经将韩信、彭越等人封王。现在为了稳定局势、巩固皇权，刘邦决定对其余随他出生入死的将领们进行分封。众将领你争我夺，分封遇到了重重阻碍。

　　刘邦认为萧何的功劳最大，众将领们一听立刻表示不满："我们为了攻占城池在前线浴血奋战，多的经历了百余战，少的也有数十战。我们不怕牺牲才有今天的成绩，萧何只是在后方负责文书工作，功劳却最大，这样太没道理了吧？"

　　刘邦心平气和地说："大家都知道打猎吧，你们知道打猎中猎狗的作用吗？"接着刘邦又说，"打猎的时候，虽然追杀野兔的是猎狗，但是指挥猎狗抓住兔子的却是猎人。你们奔赴前线，作用犹如猎狗；萧何在后方负责指挥和供给，起的是猎人的作用。大家说是猎狗的功劳大还是猎人的功劳大？再说了，你们都是只身一人跟随我打拼，多者也只是家中的两三个人。可萧何却从家族中带来了二十几人随我上战场。"这下不满的将领们都没话可说了。

　　刘邦封萧何为鄼侯，食邑也最多。萧何被刘邦特许可以佩带宝剑上殿，面见皇帝时可不必跪拜等，封曹参、张良为万户侯。

由于众臣们争功夺利，互不相让，分封工作进展缓慢，只得将此事先放一放。一天，刘邦从阁道上看到将士们们在草地上围坐一团，好像在说什么悄悄话。刘邦问张良：“他们在谈论什么？”张良说：“他们是在商量造反的事。”刘邦大惊，说：“天下刚太平了，他们还有什么不满意的，想要造反？张良说：“您出身普通百姓，靠他们赢得了天下。现在您虽然封了萧何、曹参等人，但他们都是您亲近的人。将士们都想得奖赏，可是他们担心分不到。有的人曾经和您有过过节，怕您处罚他们。所以就聚在一起商量造反！”

刘邦听张良这么一说，有些担心，就让张良为他想办法解决这个问题，张良问道：“您平生最憎恨的，又被大家共知的人是谁？”

刘邦狠狠地回答说：“雍齿”。雍齿自小与刘邦不合，经常侮辱他。沛县起兵时曾背叛刘邦，把丰邑献于魏国。章邯灭魏后，雍齿跟了张耳，又同张耳一起投奔了项羽。陈余打败张耳以后，他又跟着张耳投靠了刘邦。

张良说：“那您马上封雍齿为列侯。众将军一看您最痛恨的人都能得到分封，他们不就放心了嘛！”

刘邦按照张良的建议马上设宴，封雍齿为什方侯。正如张良所料，大家参加完酒宴后都说：“连雍齿这样的人都被封侯了，我们大可放心了。”

张良献策有功，但他是个与世无争的人。刘邦为了奖赏他，让他自己从齐国挑选三万户做使邑，张良却谢绝了，只向刘邦要了他们初次相识的留县。于是，刘邦封张良为“留侯”。

惩恶扬善，巩固皇权

　　至此，大汉帝国正式成立。但是，作为大汉帝国的开国皇帝，刘邦面临的问题如同一团乱麻：如何巩固自己庞大的基业？如何处理项羽集团的残余分子？如何处理原六国旧势力？如何处理和异姓诸侯王的关系等等，一系列的问题需要他去处理。

　　为了巩固自己庞大的基业，刘邦发过一道诏书，就是封吴芮和无诸为王，以稳定广大的南方。他下诏说："前衡山王吴芮与二子一侄，带领着南方百粤之地的兵马，佐助诸侯，诛暴秦，伐无道，立有大功，诸侯共议应立他为王，而项羽却加以侵夺，剥夺其王号，称为番君。现在以长沙、豫章、象郡、桂林、南海之地册立番君吴芮为长沙王。"再下一诏说："前粤王无诸世代尊奉粤祀，秦侵夺他们的地盘，使他们社稷不得祭祀。诸侯伐秦，无诸亲自率领闽中的兵力佐助灭秦，项羽却忽视他而不立无诸为王。现封无诸为闽粤王，封以闽中之地。"

　　吴芮长期为官江南，深得人心；无诸为越王勾践之后，在闽越地区有相当的号召力。刘邦封吴芮、无诸为王，为汉王朝取得了一个稳定的南方，为以后对异姓诸侯王的斗争打下了基础，这充分显示了刘邦政治上的深谋远虑。

刘邦登基之初，项羽的老搭档临江王誓死不降，刘邦就派人围攻，最后在洛阳杀了他。此事过后，刘邦就对逃匿在民间的项羽集团的将领发出了通缉令。其中季布、丁公是其残余分子中的主要人物。

季布是楚地人，项羽手下爱将，英勇善战，楚汉之争中，数次在战场上与刘邦相遇，屡次把刘邦打得狼狈不堪，落荒而逃。项羽战败后，季布藏匿在民间。刘邦一登基就出千金悬赏捉拿季布，并下令胆敢窝藏季布者灭三族。

当时的季布躲藏在濮阳一个姓周的故交家中。刘邦悬赏捉拿令一下，周家的人觉得不能长期收留季布，就为季布选了一条生路。周家主人对季布说："现在皇帝悬赏捉拿你，情况非常紧急，你在我家也不安全了。我现在想了一个办法保证你的安全，你如果不能听从我的话，我只能先自杀了。"季布也不想害了朋友一家，就答应了。周家便把季布的头发剃掉，用铁箍束住他的脖子，穿上粗布衣服，把他放在运货的大车里，将他和周家的几十个奴仆一同出卖给鲁地的朱家。

朱家是鲁地有名的游侠，急人之难，从不求报答，助人为乐，家无余财。周家人想出这个计策也是考虑到朱家可能会帮助季布。朱家见多识广，第一次见就知道是季布，但是不动声色地把他买了下来，安置在田地里耕作，并且告诫自己的儿子："田间耕作的事，都要听从这个佣人的吩咐，一定要和他吃同样的饭。"接着朱家便乘坐轻便马车到洛阳，去拜见当时的权贵人物夏侯婴。

夏侯婴只是一个赶车的，但是与刘邦的关系非同一般，是生死与共的兄弟。刘邦登基称帝，夏侯婴自然成了当朝"权贵"。此时的夏侯婴还保持着曾经的优点：万事都为自己的兄弟刘邦考虑，即使现在刘邦贵为天子。

朱家和夏侯婴交情不浅，故人见面，自然痛饮几杯。喝得兴起时，朱家就问夏侯婴："季布犯了什么大罪，皇上追捕他这么急迫？"夏侯婴说："季布多次替项羽逼迫皇上，皇上怨恨他，所以一定要抓到他才罢休。"朱家说："您看季布是怎样的一个人呢？"夏侯婴说："他可是一个有才能的人。"朱家说："季布受项羽差遣，这完全是分内的事。项羽的臣下难道可以全都杀死吗？现在皇上刚刚夺得天下，仅仅凭着个人的怨恨去追捕一个人，这不是要向天下人显示自己器量狭小吗？假如像季布这样的人不能立足，他不是向北逃到匈奴去，就是要向南逃到越地去了。您一向得皇上信任，为什么不寻找机会向皇上说明呢？"

200

夏侯婴知道朱家是位大侠客，听这一番话就猜想到季布一定隐藏在他那里，便答应说："好。"朱家的话确实有道理，夏侯婴也确实是深明大义之人。他等待机会，按照朱家的意思向刘邦奏明。刘邦本来是想要杀死季布的，但想到自己也需要这样的忠臣来辅佐，就不再记仇，还对他封官加爵。圣旨一下，朱家就把季布从田中请回，季布对朱家、夏侯婴、刘邦都心存感激。后来季布被刘邦召见，表示服罪，刘邦很爽快地任命他做了郎中。

刘邦对季布的宽大处理，感动了许多项羽的旧部，纷纷表示归服汉朝。其中有一个叫丁固的人，和季布同是项羽部下大将。

项羽在彭城以三万人马大破刘邦大军，刘邦狼狈逃窜，当时丁固穷追不舍。刘邦眼看无处可逃，丁固又是自己的旧相识，就对丁固说："我们都是豪杰，何必要置彼此于死地？"丁固当时一愣，就放了刘邦一马。

按理说，丁固是刘邦的大恩人，千钧一发之际，丁固一番"英雄惜英雄"之心，救了刘邦一命。后来，项羽战败，丁固也藏匿民间，听说季布被封，也急匆匆地来请赏。但是刘邦的处理出人意料。

刘邦见了丁固，威严地说：你到此拜见，是指望我给你封赏吗？"丁固诚惶诚恐，不敢回答。刘邦说："你身为项羽的部将，不能忠于职守，擅自放走敌人，还指望我封赏你吗？"丁固听了，非常害怕，知道自己不该来此地，吓得一下跪在地上。"来人呀，把他押下去，立即斩首！"众人十分惊愕，既然是来归服的，还曾救过皇上一命，为什么要斩呢？萧何觉得不妥，就进言道："此人有恩于我大汉，皇上三思！"刘邦根本不听，还宣告了他的罪名："丁公为项王臣，不忠，使项王失天下者，乃丁公也。"

这几句话久久在大殿回荡，大臣们咀嚼出几分道理。在家卧病休息的张良听说这件事，感慨道："真乃大汉天子！

对仇人宽宏大量，对恩人残酷无情，刘邦的行为确实与常人不一样。刘邦这样做其实是有他的道理的，季布对刘邦穷追不舍，是忠于职守；而丁固擅自放走刘邦，则是吃里爬外。作为臣子就应该忠诚于自己的主人，为自己的主人立下汗马功劳，正是因为有了丁固这样的臣子，项羽才失天下。刘邦想通过这一做法警告世人，做臣子的要懂得忠诚，这就是刘邦要强调的价值观。

季布果然不负众望，此后对大汉王朝忠心耿耿，成为一代名臣。

时势不同谋略自然要做适当的调整。在群雄逐鹿的年代，为了壮大自己削弱敌人，必须使用一切方法招兵买马；做了皇帝，四海之内皆是臣民，就要强调仁义忠信，保证国家长治久安。杀丁固一人使千万人恐惧，刘邦的谋划岂不深远？子孙享天子之位四百余年，也在情理之中。这一切都是刘邦为大汉王朝的长治久安进行的煞费苦心的筹划。

发展生产，休养生息

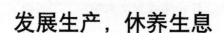

实施了种种安定民心、巩固政权的措施后，刘邦实行"休养生息"的政策——息兵戈，重农桑，大汉王朝渐渐步入正轨，百姓终于从战争的阴影中挣脱出来了。

由于秦末农民起义的打击，生产受到严重的破坏，社会经济凋敝，农民生活困难。刘邦称帝后，采取了"休养生息"的政策，减免徭役，减轻人民的负担，如减轻田租、什五税一、释放奴婢等。这些措施的实行，使百姓得以生息，民心得以凝聚，生产得以发展，国家得以巩固。到高祖刘邦末年时，经济已经明显好转，为平息、反击各少数民族的叛乱、侵扰打下了坚实的基础。

西汉初年面临的经济形势非常严峻。秦始皇和秦二世敲骨吸髓的剥削，耗尽了天下的民脂民膏。三年的反秦起义和近五年的楚汉之争，使国家经济接近彻底崩溃的边缘——土地荒芜、生产凋零、粮食奇缺。一石米竟然能卖到五千钱（正常价不超过百钱），致使"人相食，死者过半"。皇帝乘坐的马车凑不够四匹毛色一致的马，将相出行只好乘坐牛拉的车。侥幸活下来的人民，不是逃亡隐匿，就是卖身富家为奴隶。公元前200年，刘邦率大军北征匈奴路过曲逆（今河北顺平东南），在城头上看到城里还有一大片屋宇，十分好奇，认为这座县城繁华得可以和陪都洛阳相比了。他问站在身边的御史："城里有多少人口？"御史回答："秦朝初年时有三万多户，现在只剩下不到五千户。"

刘邦明白要想巩固新生的汉政权，就必须迅速恢复国家的经济。为此，高祖刘邦采取了一系列行之有效的措施。

人是恢复生产、发展经济的决定因素。为解决劳动力严重不足的问题，他首先从挖掘现有人口潜力着手，用赦免罪人、招抚流亡、复员军人、释放奴婢、鼓励生育等方法增加人口。

刘邦刚刚打败项羽，在定陶即皇帝位时，就下了一道大赦令。赦令说："八年战争给老百姓造成了莫大的灾难。现在天下已经太平了，可以赦免狱中除死罪外的所有囚犯。"在随后的几年里，像这样的赦令，他先后下达了七次。

由于战争，使得很多人流亡在外地。刘邦移驻洛阳不久，便颁发了"复故爵田宅"的诏令。汉中央还鼓励从军的吏卒复员回家，从事社会生产。

奴婢也是一支不可忽视的力量。刘邦下诏规定：凡是因饥饿而卖给别人当奴婢的，一律恢复其自由人身份。

为了鼓励生育，高祖七年（公元前200年），刘邦颁布诏令宣布："百姓家生了儿子，可以免除两年的徭役。"

农业要发展，土地是关键。为了使弃耕的土地得到充分的利用，刘邦早在楚汉战争时期，就命令开放过去秦王的园苑，准许无地或少地的农民自愿垦殖。他称帝之后，进一步落实"以军功行田宅"的政策，按军功的大小和爵位的高低，赏赐给从军吏卒们不等的土地，使他们成为自耕农或中小地主。

刘邦还用轻徭薄赋的政策来调动劳动者的积极性。

汉朝的徭役制度基本上沿用了秦朝的规定，但在执行时又放松很多。秦朝男子法定的服役年龄段是十五岁至六十岁。但是，由于秦统治者急功近利，大兴土木，实际征发时还常常超过这个年龄。刘邦则把它缩减为二十五岁至五十六岁。他对服役的天数也作严格的规定：每年在本郡或本县服役一个月，称"更卒"，主要筑城、修垒或其他社会劳动；每人一生中到边疆戍守一年，称"戍卒"；到京城服役一年，称"正卒"。一般情况下按规定执行，如果条件允许，还适当予以减免。

刘邦规定"轻田租，什伍而税一"，并根据官吏薪俸和政府开支的需要，制定额，认真执行，绝对不许乱征。田租之外，征收"算赋"，规定从十五岁到五十六岁的人，每人每年出一百二十钱为一算，算赋收入用于军费支出。七岁到十四岁，不论男女，年交二十钱，称为"口钱"，这是敬孝给皇帝的。另外每户每月交二百钱。这些规定，只许降低，不许增加。期间，几次下令免除一些地方老百姓一年或几年的赋税。

诸侯王、地方官吏敬献给皇帝的钱叫"献费"。当时没有统一的征收标准，一些地方官员为讨好皇帝，竞相搜刮，层层加码剥削百姓，引起老百姓的怨恨。高祖十一年，刘邦下诏规定："献费为每人每年六十三钱，任何人不许多征。"

刘邦从秦二世而亡中吸取了教训，他明白在农民战争的历史条件下，只有制定一系列顺应时代要求和百姓意愿的政策才能使自己的政权更加稳固。

制定朝仪，巩固皇权

　　长期追随刘邦的薛人叔孙通，自幼聪慧善断，灵活机变，后成长为一位才学渊博的大儒。由于声名远播，被召入秦为官。是秦朝的待诏博士，精通礼仪。陈胜起义后，叔孙通最初追随项梁，后来又先后追随过楚怀王和项羽。公元前205年，刘邦率军攻入彭城，叔孙通率领诸弟子投降。当时，刘邦看不起儒生。于是，叔孙通就改穿短衣，打扮成百姓模样去见刘邦，完全没有儒生的繁文缛节和迂腐。刘邦见后非常高兴，便把他留在了身边。

　　此后，叔孙通经常为刘邦举荐那些刚猛勇猛之人，刘邦对他更加喜欢。刘邦入关后，就将叔孙通封为博士。

　　刘邦统一天下后，对秦朝苛酷的法律、繁琐的礼仪深为厌恶。他的功臣大都出身低微，对繁文缛节的礼仪知之甚少，不习惯受约束，因而常常饮酒争功，喝醉了酒大喊大叫，甚至相互斗打。刘邦对此也深为反感。

　　叔孙通本来就是一个善于迎合的人，这时，他不失时机地对刘邦说："儒者难与进取，可与守成。我愿征有学问的儒生制订一套朝廷礼仪规定。"刘邦平常对儒生文人非常看不惯，甚至用儒冠当尿壶，但也不喜欢群臣对上下之礼一概不知，就问叔孙通："不会太难吧？"叔孙通回答说："三王不同礼，五帝不同乐。所谓礼就是因时世人情制定的。夏、商、周三代之礼也并不一样。我想采择一些古礼和秦仪式掺杂而成。"刘邦又叮嘱说："可以试着办，务必简单易行。"

于是，叔孙通到鲁地去征召儒生三十余人，其中有两人宁死不肯来，还讽刺叔孙通说："你辅佐过的主人有十个之多，你都是靠阿谀奉承才得到富贵的。一个新建的王朝，只有经过了一个世纪的教化，才能制定礼仪。如今天下初定，你却要制订礼仪，必然是为了讨好刘邦，你的所作所为违背了古训。我等不愿与你同去，你快快离开吧，不要再污辱我们了。"叔孙通只能自嘲地说："你们真是孤陋寡闻，不知时变。"

叔孙通带领自鲁地征来的三十个儒生归来后，又加上刘邦左右好学之士和自己的百余弟子，搭起帐篷，在长安郊外演习。一个月以后，请刘邦前来观看。刘邦看了他们的礼仪后，说："我就是要这样。"然后命令文武百官照此演习。

汉七年（公元前200年）十月，长乐宫落成，举行大典，让群臣按照叔孙通制定的朝仪来朝拜皇帝。按照礼仪：天亮之前，由谒者行使礼节，依次引导文武群臣按爵秩高低进入殿门，廷中陈设着车骑步卒卫队，手执各色旗帜和兵器。司礼官一声传呼，殿下郎中立即夹陛而立，每陛数百人。功臣、列侯、将军、军吏按照次序排列于殿下西边，面向东；文官自丞相以下在东边依次排列，面向西。大行设九宾之礼，上下互相转告。一切准备就绪之后，刘邦乘辇车出廷升殿，百官执帜传声喝警。接着，刘邦升上御座，大行引诸侯王以下至六百石的官员依照次序，一一向皇帝致贺。贺礼之后，百官伏地而拜。接着，皇帝赐酒，大宴群臣。群臣在殿上低首俯身，按照尊卑次序，举爵向皇帝祝寿。酒过三巡，谒者宣布"罢酒"。朝拜之中，由御史执法，将不按礼仪行事的官员引去惩治。因而，整个宴会过程中，没有人敢失礼或喧哗闹事。

刘邦对此次朝岁大礼非常满意，认为自己终于真切地体会到了身为皇帝的尊荣，情不自禁地说道："我今天才知道做皇帝的乐处啊。"大喜之下，他委任叔孙通为太常，并赐其五百斤黄金。叔孙通趁热打铁，又为众弟子表功，刘邦悉数封他们为郎官，弟子们则高兴地称赞叔孙通为当世圣人。

制定完宫廷礼仪后，叔孙通又制订了关于皇帝衣服的规则。为了体现皇帝在上朝、祭祀等时刻的威严，以及适应四季气候变化，叔孙通和萧何等人上书刘邦道："一年有春夏秋冬四季，所以陛下的皇袍也应该随四季变化而更改。"接着又说："上到皇帝，下到平民百姓，也都应该遵从天地之法，根据不同的季节而穿不同的衣服。"

刘邦听后，对这一建议大加赞赏，就让叔孙通等人着手去办。

虽然叔孙通为人善于奉承，但不能不说叔孙通是个聪明人，不但能够瞅准时机，并且能够抓住时机。另外，叔孙通制定的礼仪使儒学的宗旨与功能开始被汉初君臣所了解，也为儒学在西汉的兴起奠定了良好的基础。

为了进一步显示皇威，刘邦可谓煞费苦心。连父亲太公看到刘邦后，也要躬身行礼。不久，刘邦又下诏尊太公为太上皇，这不但明示了皇帝的威严，也显示了皇帝的孝敬之心。

刘邦生于乱世，起兵反抗暴秦，经过一番血战，最终一统天下，建立了大汉王朝，随之又建立了这一套行之有效的礼仪，一是为了巩固皇权，二是为了国家的长治久安，不失为一个两全其美的政策。

第七章
兔死狗烹，铲除异己

权力是什么，为什么世人都在争？权力不是一句话，不是一把刀，不是一种理念，权力是一种秩序。世间的万事万物都存在一定的秩序，如果一切都不安规则不按秩序的话，世界将会是一片混乱。秩序只有通过各种条条框框才能展示出它的魅力。刘邦在楚汉战争结束时，立马收回了韩信的兵权，又在接二连三地诛杀异姓王的过程中，巩固了皇权，建立了相对稳固的汉王朝秩序。

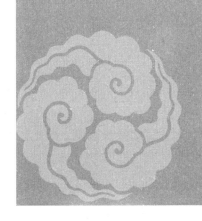

长乐宫中，韩信被杀

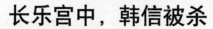

韩信被拜为大将以后，屡立战功，是刘邦首屈一指的功臣，被封为齐王。刘邦能够战胜项羽，赢得天下，名将韩信起了不可估量的作用。当然，要是离开了刘邦的重用与支持，韩信的军事才能也无用武之地。刘邦与韩信的关系可以说是你离不开我，我离不开你。在楚汉战争中，齐人蒯彻都曾劝韩信拥兵自立，但韩信并没听从，因为他感念刘邦对他有知遇之恩，再者他觉得自己功勋卓越，刘邦不会不念旧情的。

但是，刘邦一直对韩信存有戒心，也不喜欢他，只是因为需要用人才与其保持君臣关系。韩信要求做代齐王的事，让刘邦在心里起了除掉韩信的念头。可是，韩信对此却一点也没察觉，仍然以功臣自居，不知杀身之祸已经悄然向他逼近。

刘邦称帝后，对韩信的戒心可以说与日俱增。刘邦从即位到去世的八年时间里，他几乎是费尽心血处理和异姓诸侯王的关系。他死后，这一行动发展为吕后的"除苗"行动，这当然不是他想看到的。

在刘邦刚刚登上帝位的那些日子里，他就做了无数次假设：要是韩信谋反，我该怎么办？想着想着，刘邦就会一脑门冷汗，他想：不能等到韩信谋反……

韩信在项羽军中时，与项羽手下的将军钟离昧很要好。项羽死后，钟离昧就投奔了韩信。这时，汉王正下令缉拿钟离昧，就让楚王韩信逮捕他，但是，因为故人情面，韩信拖延未予执行，并秘密把钟离昧藏了起来。

高祖六年（前201年），这件事被人抓住把柄，就向刘邦告了他一状，说他谋反。真的有人告，还是刘邦特意设的局要试一试韩信，我们不得而知。既然有人告发，刘邦就和众臣商议，大家异口同声地说："发兵讨伐。"刘邦听了立即觉得这帮人只会图一时痛快，讨伐？谁打得过？

后来，他问陈平，陈平说："上书告韩信谋反这件事，恐怕楚王韩信自己也还蒙在鼓里。"他又分析道，"楚王韩信的兵力稍胜，高于您的将领，真打起仗来，恐怕就危险了。"刘邦问陈平该怎么办，陈平建议刘邦以巡游云梦为借口，让各诸侯王都到陈县，到那时韩信一定会来，然后再抓他问罪也不迟。

刘邦于是采纳了陈平的计谋，假装要去游玩云梦泽，并下令各诸侯王：皇上巡狩云梦，请诸侯在陈县相会。

韩信得到圣旨，意识到皇上并不是巡狩那么简单，觉得钟离昧不能再留了，就对钟离昧说了此事。钟离昧心想，连楚王韩信都保护不了，自己离开这里还不是死路一条，于是大骂韩信是出卖朋友的小人，愤而自杀。

韩信提着钟离昧的人头到陈县参加诸侯大会，但高祖仍把韩信捆绑起来。韩信大声喊冤，说："狡兔死，走狗烹；飞鸟尽，良弓藏；敌国破，谋臣亡。现在天下已经平定，我这样的人也早就该烹杀了。"韩信来参加诸侯大会，也在一定程度上证明了他并没有谋反的实质行动，再加上刘邦没有任何证据，当然不能就此把开国功臣杀了。于是刘邦下令把韩信押到了洛阳，释放了他，降为淮阴侯。

这件事情后，韩信知道刘邦既害怕又嫉妒自己的才能，于是常借口生病不来朝见。现在降为淮阴侯，心中免不了对刘邦生出一些怨气。有怨恨之心，就变得骄横起来，不屑与周勃、樊哙等人为伍，还时常讥讽刘邦。韩信的反心一点点滋长了起来。

汉十年（前197年），刘邦封陈豨为赵相国，带领军队驻守代地。陈豨与韩信交情很深，临行前专门到韩信府中辞行。韩信屏退左右，对陈豨说："我这里有一些忠告，不知你想不想听？"陈豨对韩信的才能非常推崇，时常对人说韩信是天下第一军事奇才。听韩信这样说，赶紧说："洗耳恭听！"

韩信严肃地说："陈兄将要掌领天下精兵，身处要职，但是你觉得这种局面会持续多久呢？"陈豨沉默不语，韩信接着说："如果有人暗算你，告你拥兵自重，一次皇上可能不相信，两次、三次以后，皇上会怎样呢？"见陈豨动容，韩信放低声音说："假如有一天，皇上不信任你，要解除你的兵权，并发兵讨伐你，你记住我会在关中起兵策应，与你一起攻打天下。"

刘邦把自己最喜欢的儿子如意封到了赵国，当时周昌得到刘邦重托在此辅佐赵王如意。陈豨到赵地以后，模仿信陵君大肆招揽门客。这件事引起了周昌的警觉，于是就向刘邦密报。刘邦马上派人密查陈豨，果真发现许多问题，陈豨感觉到风吹草动，觉得韩信预言的事情就要到来了。

正当他犹豫不决不知该怎么办的时候，接到皇上的诏令，太上皇驾崩，令他回关中参加葬礼。这很明显是一个局，陈豨于是称病不去，不久就举兵造反，自立为代王。

刘邦亲自帅兵征讨，此时他想到了韩信。韩信与陈豨的关系众所周知，陈豨造反，韩信不会不知道的！刘邦就下令韩信随从征讨，但是韩信称病拒绝了。刘邦就召来吕后，对她说："陈豨造反，韩信不会不知道，我走后你要把他监视起来，有什么风吹草动要和萧丞相商量，千万不能掉以轻心……"这是吕后第一次被委派大事，她非常紧张。

韩信暗地派人告诉陈豨说："你举兵而起，我一定帮你。"只等陈豨的密报一到，就开始行动。韩信舍人乐说得罪了韩信，韩信囚禁他以后，还想杀了他。乐说的弟弟向吕后上书，告发了韩信要谋反的事。

吕后一时方寸大乱，韩信手上虽然没有一兵一卒，但是凭他的本事，绝对能将乌合之众变成虎狼之师的。她赶紧找来萧何，急切地说："丞相，韩信要谋反，这可怎么办？"萧何沉思了一下说："现在事出危急，我先把他骗到宫里，您派人把他制伏了，一切等皇上回来查明了再说。"吕后马上表示同意，萧何匆匆走了。

二人于是立马制造谣言，让从前线回来的人诈称陈豨已兵败身死，并让群臣上朝祝贺。韩信听到这一消息，惊恐万分。萧何前来见韩信，劝他说："你身体虽然欠佳，但如果不想落个谋反的罪名，强打起精神也要上朝前去祝贺。"萧何和韩信的关系一直非常好，经过萧何这么一说，韩信就听从了萧何的劝说，跟随萧何一起进宫前去祝贺。谁知一进宫门，就被吕后早已设好的机关捉住。吕后很快就在长乐宫悬钟之室斩杀了韩信。韩信死的时候，悔恨万分地说："我后悔不听蒯彻的话，今日败于女子之手，岂非天意！”韩信被杀后，还被夷三族。

韩信的性格决定了他悲惨的下场，他为人太过张扬，总是以功臣自居。当时韩信功高震主让刘邦难以安心，俗话说伴君如伴虎，韩信总是在刘邦面前炫耀自己的才能，普通人都会忌恨，更何况是统一天下的刘邦呢！

吕后知道韩信是刘邦的心腹大患，现在不谋反，以后也会危及自己儿子的帝位，就算查明韩信是被诬告，刘邦也不会对他放心。于是吕后就自作主张，快刀斩乱麻，为汉朝除去一大心病。刘邦曾与韩信有过约定：假如刘邦要杀韩信，必须不见天、不见地、不见铁，言下之意是说刘邦永远保证韩信的安全。这句玩笑话许多人都知道，吕后也不得不顾忌。在萧何去请韩信的一段时间里，吕后进行了精心的策划。

吕后早在宫中埋伏了武士，韩信一进宫，便立即被拿下。吕后命令武士把韩信装在一只大布袋里，吊在钟室的宫梁上。

吕后不容韩信多想，令武士们用早已经削好的竹签刺死了韩信。好一个“不见天、不见地、不见铁”的死法，吕后履行了刘邦的诺言，也达到了自己的目的。萧何举荐了韩信，也把韩信送上了死路，于是留下一个“成也萧何，败也萧何”的成语。

刘邦回到洛阳，知道淮阴侯韩信被杀，一时间又是高兴又是怜惜。喜，吕后帮自己除了心头之患；怜，韩信这样百年不遇的人才竟然是这样一个下场。接着吕后告诉他说：韩信在临死时说后悔没用蒯彻的计谋。刘邦悟道：“是齐国的能辩之士蒯彻呀！”于是诏令齐国将蒯彻逮捕押至长安，刘邦问：“你曾教淮阴侯韩信造反？”蒯彻回答说：“是的，我确实教过。那家伙自取灭亡，落到这个下场就是因为不听我的

谋胜群雄

汉朝开国奇谋

话。如果用我的计策，他又怎能被陛下所杀呢！"刘邦勃然大怒，下令："煮死他！"蒯彻大叫："煮我实在太冤枉了！"刘邦问："你教唆韩信造反，还敢说冤枉吗？"蒯彻说："秦朝失去江山，天下人都群起争夺，有才能、行动快的人能先得到。古时的狗对尧吠叫，并非尧不仁，而是狗本来就要对不是它主人的人吠叫。当时，我作为臣子只知道有韩信，不知道有陛下啊！更何况天下想做陛下这般大业而力量达不到的人很多，您能都煮死他们吗？"刘邦听罢，就放了他。

从整个事件来看，刘邦有逼反韩信之嫌，也就是为除掉他找一个借口。对于汉朝政权来说，韩信是必须要死的。不管韩信有无谋反之心，他始终都是刘邦心头的一个大患，终会找借口除掉他的。

再设毒计，诛杀功臣

陈豨反叛汉朝，刘邦亲自率师前去征讨，令各诸侯王率兵一起征讨，但是除了自己的儿子齐王刘肥派去精锐部队支援外，其他诸侯王反应极其冷淡。韩信称病不去，燃起了刘邦心头的怒火。彭越也称病，派手下将领领兵去邯郸协助，刘邦火冒三丈，便派人去责备彭越。彭越非常害怕，打算亲自到刘邦那里谢罪。扈辄建议说："君王刚开始令你率兵一起征讨时你称病不去会战，受到责备以后才去谢罪，去了必死无疑，不如发兵反叛。"彭越并没有采纳扈辄的建议，而是继续称病。

韩信是装病，彭越却是真病，他年纪与刘邦将近，此时也是五十多岁的老人了，平时有个胳膊疼腿疼的情况，也是正常的。但是当时消息闭塞，彭越不知道各诸侯王的反应，更不知道韩信也称病，自己正好撞在了刀口上。

彭越曾经得罪过梁国的太仆，没想到他们的这次谈话被太仆无意中听到。太仆抓住了这个把柄，审时度势，觉得彭越不反也是没有什么好下场的，恐怕自己日后会卷入政治斗争，还不如向皇上揭发，落个清白。于是太仆向皇上告发彭越。

于是刘邦就立刻暗地派人去调查彭越。彭越没有任何造反的部署，但是彭越对扈辄的"策反"也没有采取任何措施，这说明彭越还是有反心的。刘邦念旧情，赦免了他的死罪，将其降为庶民，流放到青衣县。

彭越被贬为庶人以后，路上满腹冤屈，正好碰到从长安到洛阳去的吕后。彭越像抓住了一根救命稻草，向吕后大声哭诉道："皇后明鉴，我确实没有谋反之心——我现在已经一把老骨头了，再也折腾不起，只希望能安安稳稳回老家养老，望皇后帮我说几句好话。"吕后威严又亲切地说："梁王不用这么伤心，一切有我呢，你现在随我回洛阳吧，见了皇上我给他说清楚……"彭越大喜，感激涕零。

吕后却对刘邦说："像梁王彭越这样的壮烈之士，皇上认为彭越到了蜀地会老老实实做顺民吗？将他流放，就是给自己埋下祸根呀，不如就此杀了他。"刘邦让吕后全权处理。吕后即刻命舍人出来诬告彭越再次谋反，接着在吕后的授意下，廷尉王恬开奏请诛灭彭越家族，刘邦毫不犹豫地批准了。彭越在洛阳等待刘邦赦免的圣旨，最终却等来了灭族之祸，且死得稀里糊涂，到死也不知道是吕后做了手脚。

楚汉战争中，梁王彭越的军事才能充分地显现出来，他经常神出鬼没地袭击项羽的军队，关键时刻总能助刘邦一臂之力。彭越论军事谋略与指挥才能，不如韩信，但论功绩，却有过之而无不及。不过，彭越同韩信一样，是抱着追求功名利禄的思想参加到秦末战争和楚汉战争中去的。随着力量的发展和其政治野心的不断膨胀，同他们的最高首领的矛盾也逐日加大。从这点看，彭越和韩信之死是必然的。

彭越被残忍地处以醢刑（古代的一种酷刑，即被剁成肉酱）。吕后还把彭越的肉酱挨个赏赐给诸侯王，高祖下令将彭越之头悬挂在洛阳城门上示众，并且下令："有敢来收殓者，就立即逮捕。"一时间，风声鹤唳。

彭越的好友栾布得知这个消息，便前去为彭越收尸，并痛哭流涕。刘邦闻讯后，立即抓捕了栾布，并命人把栾布拖下去烹杀！

就在卫兵抬起栾布走向汤锅时，栾布说："当年陛下被困彭城，兵败荥阳，楚霸王无法顺利西进，主要原因就在于彭王占据着梁地，牵制着楚军。当时，若彭王改旗归楚，那么汉军就失败；若跟汉联合，那么楚军就失败。还有，垓下之战汉军如果没有彭王相助，项羽就不会失败。如今天下安定，四海升平，彭王受封为王，便准备将爵位世代相传下去。现在陛下仅因到梁地征兵，彭王没有前去拜见便怀疑他谋反，而且根本就没有找到他谋反的证据，就因此诛其全族。我实在为陛下担心，如此一来，那些功臣元老们便会人人自危。如今彭王已死，我活着也是无趣，请陛下将我烹杀了吧。"

刘邦听了栾布的一番话，认为他重情重义，便下令赦免了他，并任命他做了都尉。

汉朝三位军功卓著的异姓王韩信、英布、彭越中的两位，都葬送在了吕后的手上，吕后渐渐树立起了自己威严、残忍、决断的政治形象，连刘邦都为之赞叹。吕后做的这一切，当然是为了刘氏江山，但是进一步说，也是为自己儿子的将来做打算。

心生反叛，兵败而亡

淮阴侯韩信、梁王彭越陆续被吕后铲除，引起了各诸侯王的不安，特别是淮南王英布。

淮南王就是帮助项羽坑杀二十万秦军的英布。英布在楚汉战争后期归附了刘邦，成为汉军取胜举足轻重的砝码。楚汉之争结束后，刘邦给了他大片的封地，大抵是淮南、皖南及江西省的大部分地区。在当时异性诸侯王中，英布的人口和封地最多。对于"判楚归汉"的英布来说，刘邦比项羽大方多了。大汉开国初年，英布每年都会朝见刘邦，以示忠诚。

韩信被杀，英布心生"兔死狐悲"之感；彭越被诛杀，吕后还专门派人给他送来了彭越的肉酱，当时英布正在外边打猎，英布见到彭越的肉酱，心中顿生恐慌之感，害怕自己就是第二个彭越。

此后，英布夜夜做噩梦，不是梦见韩信就是梦见彭越，甚至还梦见自己被刘邦杀了。英布怕形势突变，就派重兵在封国边界巡逻，并私自打造兵器，训练军队。英布并不是想谋反，但是做好了谋反的准备，也为了增加自己的安全感。英布本来为人豪迈，不拘小节，但是此时变得多疑猜忌，事情就坏在"猜忌"上。

英布有一宠姬病了，外出求医，医生同中大夫贲赫对门而居。贲赫也是宫中的官员，为了讨好英布，就向英布宠姬大献殷勤，还对医生厚礼馈赠，并同英布宠姬在医生家一同饮酒。

宠姬便在英布面前称赞贲赫有长者之风。不料英布听后大怒，责问她为什么会和贲赫走得这么近。宠姬见英布发怒了，不敢隐瞒，向其讲述了事情的前后经过。英布不信，怀疑她跟贲赫淫乱。宠姬非常害怕，马上将贲赫设宴赠送礼物的事情一一告诉了英布。

这些都是鸡毛蒜皮的小事，按说英布犯不上较真。但是英布正处于非常时期，这段时间，他每日心神不宁，害怕哪天刘邦朝自己开刀，觉得自己征战多年落得这样一个下场，真的是窝囊，就找事情发泄自己的不满。

英布就怀疑自己宠姬跟贲赫关系不正常，大发雷霆。贲赫得知后大恐，就称病请假不出。但这却让英布觉得他是做贼心虚，于是更加怀疑他，想出兵逮捕他。贲赫情急之下，赶忙乘车赶往长安。英布派人追赶，但没赶上。

贲赫一到长安，就上书称英布已有谋反迹象，建议可在他未发兵前杀掉英布。刘邦看后与丞相萧何商量，萧何说："我猜测英布不至于如此，恐怕是贲赫出于私仇诬陷英布，我看还是先拘捕贲赫，再暗中派人察访验证。"刘邦同意了，向淮南派出了调查团。英布见贲赫已逃，朝廷又派来使者调查，觉得刘邦马上就会对他动手，一不做二不休，便杀了贲赫全家，起兵反叛。

消息传到长安，刘邦正病重，强支病体召集众臣讨论如何应变。诸将都说："出兵攻打他，活埋了这小子！"刘邦苦笑，心中十分忧虑。韩信、彭越、英布都不是等闲之辈，韩信、彭越已死，英布更无对手。英布囚徒出身，骁勇善战，手下将士十分彪悍，有当年项羽部队遗风，能说坑杀就坑杀吗？

夏侯婴看出了皇上的担忧，就向刘邦推荐了一个人，这个人是前楚国令尹薛公。刘邦召见薛公，薛公分析说英布军有上、中、下三计可施：

上策，取燕赵齐鲁，并以此为根据地。

中策，占据韩魏之地，守住成皋。

下策，退保南方。

刘邦非常紧张地问："英布会取哪一策呢？"薛公肯定地说："英布不过是骊山刑徒，风云际会才做了一方诸侯王，他的所作所为只是为了自身，并不是为百姓谋福，料定他只能出下策。下策一施，皇上可高枕无忧。"刘邦听了非常高兴，认为他分析得非常精辟，就封薛公为千户。

当时，高祖正有病，想把攻打英布的任务交给太子。太子的宾客东园公、绮里季、夏黄公、角里先生劝建成侯吕泽说："太子统领大军，立了功也不会再升迁了。你何不赶快去请求吕后，寻求机会在皇上面前哭求说：'英布是天下闻名的猛士长用兵。而我方众将却是曾经与陛下称兄道弟的故人，若让太子指挥这些人，没人听命于他。况且假使英布知道，便会击鼓向西，长驱直入了。皇上您如身上帘车指挥战斗，众将领一定会为您效命。'皇上虽然劳苦，为了妻子儿女应自己振作一下！……"于是吕泽立刻连夜求见吕后。吕后寻机对高祖哀求，刘邦说："我就知道这小子不配派遣，还是我自己去吧！"

刘邦此时的身体非常糟糕，但只能强打精神。临行前，同样病重的张良前来送行，张良建议："令太子为将军，统领关中军队。"刘邦心里立即明白张良的意思，自己带病亲征，途中万一有个闪失，太子手握兵权，就能保社稷安全。想到这里，刘邦心中一阵凄凉，握着张良的手说："我知道你现在病重，但是我也只能请你出山辅助太子。"于是拜张良为太子少傅，把太子刘盈郑重托付给张良。

不出薛公所料，英布果然出其下策。英布造反之初还对他的将士说："皇上已经老了，厌烦战争，肯定不会来了。大汉的将军中，我畏忌的人都死了，我们也没有什么可怕的了。"英布颇为自信，认为刘邦必定不会出征。刘邦不仅已经猜测到他的战略谋划，还出人意料地出征了。这两个因素就足以置英布于死地了。

汉十二年（前196年），英布率兵向西，与刘邦率领的汉军主力相遇于蕲西。英布军队精锐，刘邦固守庸城，坚壁以待。刘邦远远看到英布军的列阵如项羽的军队，心中十分厌恶，他问英布："我对你不薄，你为何要造反？"英布嬉皮笑脸地回答："你也老了，该把皇帝的宝座让给别人坐坐了。"刘邦此时身染重病，最忌讳别人说自己老，听到英布蔑视、奚落的回答，十分恼火。

英布不仅激怒了刘邦，也激怒了汉军，汉军以排山倒海之势涌向叛军。刘邦又一次焕发了生机，他身先士卒，中了箭也没有半点退缩，汉军都非常感动，个个杀红了眼，让英布军心惊胆战。英布军队本来士气就不高，此时节节败退，顷刻瓦解。英布败下阵来，渡过淮河，屡次停下来与汉军交战，次次失败。他见大势已去，逃往长沙国。

英布原来娶了番君吴芮的女儿，刘邦登基后封番君吴芮为长沙王，后吴芮的儿子吴臣继承封号。吴臣是英布的小舅子，英布逃到长沙希望得到吴臣的庇佑。但是英布现在是什么身份？大汉叛王，吴臣有几个胆子敢收留他呀，不仅如此，吴臣还担心与英布见面让人抓住把柄，于是心生一计。

吴臣派去使者，拦住了英布，说长沙王已经决定与英布一起逃到南越国，约定与他在南越国会合。英布相信了，中途折回向东南方向逃命，到了番阳兹乡，被长沙王设置的伏兵杀死。短短四个月的时间，刘邦就平息了英布叛乱。

英布为什么败得这么迅速？一是英布叛乱不得民心，刘邦休养生息政策刚刚给百姓带来了一些好处，而英布不合时宜地挑起战乱，天怒人怨，怎么能取胜呢？二是英布确实如同人们所说目光短浅，只是逞一时之勇，缺乏战略眼光，失败也是必然。

韩信、英布、彭越三人为刘邦建立汉朝南征北战，冲锋陷阵，立下了赫赫战功，应该在汉初享受富贵。起兵反叛，并不是出自他们的本意，但是事情的发展并不是他们可以左右，也不是刘邦能掌控的。归根结底，异姓王与刘邦的矛盾，就是中央集权与地方割据的矛盾，这种矛盾只有通过战争来解决了。

玷污清名，委曲求全

异姓王曾经是刘邦的心腹之患，在除去了异姓王韩信、彭越、英

布之后，刘邦就把目光瞄在了萧何的身上。由于萧何勤政爱民，忠心耿耿，当时在朝廷和民间都有着极好的口碑。这让刘邦心里很不舒服。

自从开国以来，刘邦对萧何信任有加，恩宠备至。

吕后计诛韩信，萧何是最重要的"同谋"。他协助吕后做了这么重要的一件事，刘邦对他更加恩宠，除加封外，还派了一名都尉率五百名兵士做相国的护卫，这对于当时的官员来说是无上的荣耀。于是众宾客纷纷来萧府道贺，喜气盈庭。

萧何在府中摆酒席庆贺，突然有一个人身着素衣白履进来吊丧。这位名叫召平的门客是萧何非常器重的人，没想到他会有这样反常的举动。萧何见状大怒道："你喝醉了吗？"召平并不畏惧，平静地说："丞相不要这么高兴，您要大难临头了。"萧何忙问为什么。召平说："皇上南征北战，身上留下许多箭伤，您一直安安稳稳待在都城，皇上一回来就封赏您，我揣度皇上对您有不信任的地方。您没见到淮阴侯韩信的下场吗？"萧何一听，恍然大悟，猛然惊出一身冷汗。第二天早晨，萧何便急匆匆入朝面见刘邦，并拿出许多家财，拨入国库，移作军需。刘邦果然高兴。此事以后萧何倍加小心，但是能彻底消除刘邦对他的怀疑吗？

后来，刘邦亲自率兵征讨，每次萧何派人运送军粮到前方时，刘邦都要问："萧相国在长安做什么？"使者回答说："萧相国爱民如子，除办军需以外，无非是做些安抚百姓的事情。"刘邦听后，总是默不作声。

来使回报见皇上的情况，萧何猜不透皇上到底是什么意思，于是和众门客谈起此事，一门客说："相国大人，灾难就在眼前，你赶快采取措施补救吧！"萧何听后，惊问原因。

那个门客接着说："您现在是百官之首，皇上已经没有什么职位可以再封给您了。您一入关就深得百姓的爱戴，到现在已经十多年了，百姓拥护您，您想尽办法为民办事，这是天下人都知道的。现在皇上几次问您的起居动向，就是害怕您借助关中的民望有什么不轨行动啊！"萧何一听，心里一下子就明白了：假如自己乘虚煽动百姓，闭关自守，到时皇上打完仗连关中都进不来了……萧何觉得皇上疑忌自己也是有道理的，但是该怎么保全自己呢？他叹了一口气，说："我该怎么办呀？"门客说："如今您何不贱价强买民间田宅，故意让百姓骂您、怨恨您，制造些坏名声，这样皇上一看您也不得民心了，就会对您放心。"

萧何自任丞相以来，一心为国，不谋私利，但为了解除皇上对自己的猜忌，他不得不采纳这位门客的计谋，故意欺行霸市，抢夺百姓物产，自污名声。果然，萧何的骂名很快就传到了刘邦那里，刘邦听后，心里畅快无比。当刘邦从前线凯旋时，百姓拦路上书，控告萧相国强夺、贱买民间田宅，价值数千万。刘邦回到长安后，萧何去见他，刘邦笑着把百姓的上书交给萧何，意味深长地说："你身为相国，竟然也和百姓争利，你就是这样'利民'啊？你自己向百姓谢罪去吧！"此事过

汉朝墓砖

后，刘邦就消除了一些对萧何的疑忌，渐渐放下心来。

萧何平时十分爱护百姓，这次虽然保全了自己，但是因为违心侵害了老百姓的利益，心中十分不安，总想找机会补偿百姓。这一补偿，又一次让刘邦感觉"不舒服"了。

萧何看到长安一带耕地狭小，百姓缺衣少食，过得很艰辛，可是供皇上打猎的上林苑内却有许多荒地用来放养禽兽。萧何想了想，觉得太浪费了，便打算上奏请皇上把这些荒地分给百姓去耕种。没想到，身处帝位又深受病痛折磨的刘邦已经失去了原来的豁达，更何况这时期与战争时的策略又不一样。

当时刘邦卧床不起，强忍着病痛批阅奏折，看到萧何的进言，非常生气，一下子把奏折摔在地上，心想：萧何呀萧何，就是不改呀！敢在我的眼皮底下取悦百姓，难道我是昏君吗？接着刘邦就下令逮捕萧何，罪名是：萧何拿了商人的贿赂，是借百姓之名牟利。

刘邦此举非常突兀，满朝文武百官都没有搞清楚这是怎么回事，以为萧何犯了大逆不道之罪，怕连累自己，都不敢替他说话。宫中有个叫王卫的小官，平日里非常敬重萧何的为人，萧何突然被冠上这样一个罪名，让他觉得难以理解。有一次他在刘邦身边侍候时，刘邦问了他几句家常话，他就顺便向刘邦探问："萧相国犯了什么大罪？"刘邦好像还没有消气，说："休要提他！提起他朕就生气。当年李斯为秦相时，做了好事都归君主，出了差错就揽在自己身上。现在萧何竟要求我开放上林苑给百姓耕种，这分明是想取悦于民，自己得个好名声嘛。不知道把我看成是什么样的君主了！"

王卫官小胆大，他素日觉得刘邦萧何是明君贤臣，而自己心中有话就想说出来。他说："我觉得陛下错疑丞相了。臣觉得百姓富足了，皇上自然就会富，相国为百姓谋利，其实就是为皇上谋利。民间百姓认为他是贤相，才正说明您是明君呀！还有一层，丞相如果有半点野心，当年陛下在外征战数年，他那时候不费吹灰之力便可坐据关中，怎么至于用上林苑讨好百姓、收买人心呢？"刘邦对萧何的疑惑本来就是捕风捉影，听王卫一说自己是"明君"，心里也就有几分高兴，脸色缓和了许多。

见皇上脸色缓和，王卫继续说道："前秦灭亡，正因君臣猜忌。陛下若疑忌萧丞相，不但浅视了萧何，也看轻了陛下自己呀。"刘邦听了，沉默了好大一会儿，挥挥手让王卫出去了，当天就下令释放了萧何。

萧何也是花甲之年了，为国事鞠躬尽瘁，但是没有想到一个很平常的奏折竟然引来牢狱之灾。在狱中这段时间，萧何难得有一段清闲的日子，他想了很多。曾经的泗水亭长是自己的朋友，现在的刘邦却是自己的君主了，伴君如伴虎，这是亘古不变的道理。皇上是不允许任何人与他争东西的，包括权力、财富还有名声，萧何想，这也许就是自己下狱的原因吧。但萧何还是坚信，自己的苦心皇上终究会明白，当今的皇上并不是一个糊涂人。

因为多日来萧何全身带着刑具，被释放时手足麻木，连路都快走不动了，而且蓬头赤足，污秽不堪。萧何跟跟跄跄地来到大殿上，跪地谢恩。刘邦见了心里竟也有几分心酸，他为了掩饰自己的歉意，自我嘲讽地说："相国受苦了，不必多礼。这次的事，原是相国为民请愿，我不允许。我不过是夏桀、商纣那样的无道天子罢了，而你却是个贤德的丞相。我之所以关押相国，就是要让百姓知道你的贤能和我的过失啊！"刘邦这几句话说出来有点阴阳怪气，也是言不由衷，但对萧何的廉政为民，终于还是默认了。萧何无语，但心里明白，对刘邦更是诚惶诚恐，恭谨有加了。

从此以后，萧何还是勤勤恳恳，但是对国事更多地保持沉默。刘邦也照例以礼相待，两人之间兄弟情分越来越淡，君臣礼数越来越郑重。皇上的威严一步步树立起来了。

在这件事上，刘邦的表现虽然有点"小题大做"，但萧何的权力确实在一定意义上侵犯了皇帝的权力。在和平年代，有萧何这样的贤相，自然没有什么危险，假如在乱世时，丞相权力过大，就会有结党营私、扰乱朝政的危险。刘邦作为开国之君，最不想看到有这样的事情发生，于是他借这件事削弱了萧何的相权，开创了有利于中央集权的朝廷"惯例"。萧何自毁清白，是因为明白了皇上的用意，经历牢狱之灾后他仍是忠心耿耿，没有任何怨言，为汉朝定法律，辅佐两朝君主，终成一代名相。

韩王背叛，刘邦亲征

匈奴是生活在我国北部蒙古高原的一个游牧部落，世代以游牧为生。头曼单于之子冒顿，身材高大威猛，为人强势，攻于心计，心狠手辣。冒顿本来是头曼的继承人，后来头曼又想立自己非常宠爱的阏氏的儿子为继承人。头曼为了废冒顿，便耍了个小聪明，把冒顿派到月氏国当人质，随后找借口攻打月氏国。但是不巧的是，诡计并没有得逞，冒顿耍了个小手腕逃跑了。为了保住自己的位置，冒顿卧薪尝胆，组建了自己的班底，日夜练兵，准备大干一场。冒顿制造了"鸣镝"，并命令部下只要是鸣镝射中的目标，所有人必须共射之。有一次，冒顿同父亲头曼一起狩猎，他放出一只鸣镝，目标就是他的父亲。头曼被乱箭射死，冒顿坐上了单于的位子。

在冒顿的统治下，匈奴消灭了东部的东胡，又乘势占领了北部的丁零、鬲昆等地和南部的楼烦、白羊等游牧民族，后来还占领了河套地区，势力日渐壮大。

韩王信出身旧贵族，祖上为战国时期的韩襄王。秦末，汉高祖率军征战于河南，韩王信投奔汉军。刘邦占领关中后，拜他为太尉，让他率军攻打韩国故地，并在不久后赐封他为韩王。但是，韩王信在荥阳战败后，投降了楚军，很快又逃回汉营。刘邦没有计较，再次赐封他为韩王。此后，韩王信追随刘邦东征西战，功劳卓著。刘邦称帝后，韩王信被封在颍川。后来，刘邦认为颍川是军事重地，担心韩王信日后反叛，便借口防御胡人，将其封地改为太原。韩王信上书刘邦，请求把他封在马邑。刘邦想把韩王信封到马邑既能牵制韩王信，又能防御匈奴进攻，就批准了。

刚迁去不久，匈奴的冒顿单于带领大军包围了马邑。韩王急中生智，一边派人去向刘邦求救，一边与匈奴求和，拖延时间。刘邦对韩王信一向不信任，得到这个消息后，开始对他有所猜疑，听说他擅自与匈奴求和，还以为图谋不轨。韩王信等不来救兵，心里也很不满，他觉得刘邦这么对他，想必自己不会有什么好下场，索性献出马邑，投降了匈奴。此后竟然联合匈奴大军攻打汉朝边境，一直打到了太原。

刘邦得知此消息后，气得肺都要炸了，亲自统领大军前去攻打韩王信，大获全胜，韩王信仓皇逃到匈奴。韩王信的部将，以曼丘臣、王黄为首，据立原赵王歇的同宗赵利为赵王。匈奴、韩王信、赵王三家决定联合起来抵抗刘邦。

冒顿接到韩王信来报，说是刘邦亲自带兵出征，他马上派得力将领率兵同韩王信一起抵抗汉军。虽然有冒顿援助，韩王信还是打了败仗，汉军一直将其追至离石才肯罢休。

当时正值隆冬时节，风雪交加、天寒地冻。汉军难以抵挡严寒的侵袭，好多士兵的手指头都被冻坏了。

刘邦率兵屯于晋阳，冒顿四十万兵屯于上谷。刘邦想速战速决，一举歼灭匈奴大军。为了做到知己知彼，刘邦派出特使侦察敌情。特使回来报告说，敌方都是老弱残兵，不堪一击。刘邦仍不放心，再派娄敬前去观察。娄敬回来说："我看到的全是老弱残兵，但陛下想想，如果真是残弱不堪，他们怎么可能出兵呢？可见，他们是要引诱我们攻击，然后伏兵四起。所以我认为对匈奴绝对不可采取军事行动。"刘邦不认可娄敬的分析，认为此时敌兵残弱，正好乘势攻击。但娄敬坚决反对出兵，于是，刘邦便下令将娄敬下狱。

就这样，刘邦率大军浩浩荡荡地出发了。一路上，刘邦几乎没有遇到匈奴的抵抗，求胜心切，觉得大部队一起行进速度太慢，就自己领着一支骑兵在前面带路，紧追匈奴大军。

刘邦的先行部队一路马不停蹄地到了平城，大家都已经疲惫不堪了，刘邦下令在此扎营休整。忽然间匈奴军像马蜂一样涌了上来，密密麻麻，足有几十万人。刘邦恍然大悟，果然被娄敬言中了，冒顿使了诱兵之计。刘邦后悔没有听娄敬的劝告，但是已经来不及了，只能和匈奴决一死战。

刘邦命令部下分头抵抗冲上来的匈奴军。匈奴军个个横眉怒目、杀气腾腾。两军刀兵相见，打得不可开交，原本寂静的平城被浓浓的杀气笼罩着。

汉军虽然顽强作战，但由于追赶匈奴军多日，过于劳累，实力明显不敌匈奴军，连连败退，一直到了平城东北方的白登山上。其实这是冒顿早就设计好的，他已经派兵埋伏在山周围，等刘邦大军到了这儿就将其团团围住。

刘邦被困在白登山上，等着后面的大军来援助。七天七夜过去了，援军迟迟不来，当时正值冬季，寒风凛冽，汉军冻伤、饿死者甚多。刘邦非常着急，想尽了逃脱的办法都不可行。正在烦躁不安的时候，陈平想出了一个妙计。陈平探知冒顿的王后十分受宠，于是决定带黄金、珠宝去密会王后。

刘邦命陆贾前去密会王后，王后见到如此多的奇珍异宝，非常高兴。接着，使者陆贾又拿出一幅美女图，说请王后转交给单于。王后见画后立即醋意大发，问这是干什么的？这时，陆贾不失时机地说："我此番前来，就是想让王后在单于面前多多美言，但又担心单于拒绝，便准备将我大汉最漂亮的女人送于单于。"

阏氏看着图上的女子如此貌美，心想：要是把这美人送来，自己还有什么好日子过？便对陆贾说："你回去转告汉帝，解救他的事包在我身上。这美人图拿回去，就当没有这回事！"

陆贾回到营中，把经过告诉刘邦，刘邦喜出望外。

阏氏唯恐冒顿知道美人的事，便马上派人唤冒顿回来。

阏氏柔声细语地对冒顿说："妾有一件事不知当讲不当讲。"

冒顿连忙说："快快说来听听！"

阏氏道："人们常说'两主不相困'。现在汉帝被困在白登山上，这样我们两国不是结下了仇恨吗？汉人肯定不会就此罢休的。再说，您就是打败了汉帝，得了汉国的土地，但是那地方也不适合我们久住。倘若有失，便不能共享安乐了！"

冒顿想了想，觉得阏氏说得挺有道理的。

阏氏又说："我听说汉帝乃是天生的龙种，有老天保佑。被困七天了，都不惊慌。大王怎么能与老天爷对着干呢？"

次日，冒顿便下令弃守一个城角，汉军脱围而出。

刘邦终于逃出了匈奴的包围，在平城与后续部队会合，匈奴也撤兵了。刘邦心中的石头终于落地了。

刘邦率军回到广武后，特赦娄敬，加封他为关内侯，并激动地对娄敬说："我没有听你的话，结果被困在平城差点丢了性命！这个教训我一辈子都会记住的！"

刘邦这次征匈奴，在白登山差点当了俘虏，此次虽然侥幸逃脱，但匈奴并没有就此罢手，还是不断地侵犯汉朝的边远地区，使刘邦心烦意乱。

这一次，刘邦令人叫娄敬入宫商议对敌政策。

娄敬说："天下初定，士卒疲惫，将校劳顿，百姓厌战，不宜出师远征，对待匈奴，不应全凭武力。冒顿杀父自主，纳后母为妻，心如虎狼，专恃武力，这样的人没有仁义可谈。但是从目前的状况看，要想使匈奴屈服于我们唯一的办法就是'和亲'。

"如果皇上能够将嫡长女嫁给单于，厚加赏赐；单于得知是汉天子嫡长公主，又有如此厚礼，公主所生之子必为太子，将来即位必为单于。另外，皇上每年再送一些奇珍异宝，再派汉人去向他们传播汉朝文化，时间一长，风气必会好转。这样匈奴不但每年可以得到厚重的礼品，还是汉朝的皇亲国戚，怎么再会向我们大汉帝国打仗呢？"

刘邦一听，便觉得此计大妙。娄敬退下后，刘邦将和亲之事告诉吕后。吕后一听，大惊失色，顿时大哭，死活不肯。刘邦碍于结发夫妻，长期患难，不便强行颁诏，只得恨恨而出。吕后害怕夜长梦多，把鲁元公主嫁给赵王张敖完事。

刘邦知道生米已经煮成熟饭，便也不再过问。但是和亲之事刘邦始终没有忘记，刘邦就挑选了一位姿色和气质较佳的外庶公主假冒嫡长公主嫁给单于，由娄敬护送前往匈奴，和冒顿进行和亲谈判。

当时的大汉王朝因为长期征战，已经千疮百孔，面对匈奴的威胁，仅靠武力并不是什么上上之策。和亲虽然不好听，但是对于初建的大汉帝国来说却不失为一个好主意。

为讨妇心，险废太子

戚夫人有沉鱼落雁之貌，刘邦对她非常宠爱。刘邦从征战各地到初入

232

关中，然后定三秦，最后江东灭项羽，一直是戚夫人陪在身边。甚至在吕后立为皇后以后，戚夫人伴宿的次数也最多。因此，吕后非常嫉恨他。

高祖二年（公元前205年），刘邦立刘盈为太子。刘盈为刘邦嫡妻吕后所生，因为是嫡长子，理应被立为太子，这符合中国古代的传统习惯。

赵王刘如意为戚姬所生，生性活泼、聪明伶俐。可能是爱屋及乌，再加上他认为刘如意各方面都与自己特别相像，所以刘邦对这个儿子是疼爱有加。刘如意虽然被刘邦封为赵王，但是刘邦却总是把他留在自己的身边，所以刘邦与刘如意的父子感情要比他与刘盈的感情深厚得多。刘邦好几次都想废了刘盈，改立刘如意为太子。

于是戚姬就趁热打铁，利用刘邦对她的宠爱，日夜哭闹，对刘邦软硬兼施，让刘邦立自己的儿子为太子。戚姬的做法在不久之后收到了成效，刘邦的心开始动摇了。为了让刘邦改立刘如意为太子，戚姬可谓是竭尽全力，在对刘邦软磨硬泡的同时，还拉拢了一些大臣。但大部分人还是站在刘盈一边。高祖十年（公元前197年），刘邦终于按捺不住，向大臣们提出了心中酝酿已久的改立太子问题，以征求大臣们的意见。不料，刘邦一提废太子的事情，众臣就为刘盈愤愤不平。这么一来二去，刘邦也不好再提了，事情就这么放下了。

在大臣们看来，此举实属下策，绝对不能同意。此举违背了嫡长子继承的传统，今太子并无失德之处，纵使才能平平，也不足以废黜；第二，太子为"国之根本"，特别是对于已近暮年的刘邦而言，更是如此。国本动摇，就会引起内部的动荡，使百姓疑惧不安，影响国家安定；第三，吕后虽然色衰，但终归是结发妻子，又是皇后，而吕后更非

233

等闲之辈，势力盘根错节，如果废太子，必然引起其激烈反抗。御史大夫周昌在朝廷上与刘邦吵得面红耳赤，太傅叔孙通甚至以死抗争。

在戚姬为废太子之事伤脑筋时，有一个人比她还着急，那就是吕后。刘邦有了戚姬之后吕后备受冷落。吕后心里非常清楚，如果刘盈的太子之位被废，那么自己也就没有什么未来可言了。自己从刘邦起义时就跟随他，现在刘邦成功了，自己却给别人做了嫁衣，那怎么行？

吕后开始四处想办法，有些人为了讨好她，就给她出主意，让她一定要得到张良的支持。吕后委托她的哥哥吕泽来办此事。张良对刘邦废太子一事也非常不赞成，他对吕后说："此事由我来跟陛下说恐怕也不管用，不过我有一个好办法能让陛下从此打消废太子的念头。"

接着张良就向吕后出谋献策，让吕后请来商山四皓来帮助太子渡过难关。刘邦非常欣赏商山四皓，曾经多次派人去请商山四皓出山，但都被他们婉言谢绝了，因为他们知道刘邦素来不喜欢文人儒士。吕后忙让太子亲自写信诚恳地邀请他们，并准备了厚礼。商山四皓被太子的真诚所感动，于是决定出山帮太子渡过难关。

吕后将四人接到宫中住下，盛情招待。

一次，刘邦过寿大宴群臣，看见四位老人站在太子的身后，很是惊讶，忙问这四人是干什么的。听众人一说，才知站在太子身后的竟然是自己仰慕已久的商山四皓。刘邦问他们为何要跟随太子，四老解释道："陛下轻视读书人，我等都是儒生，所以之前不愿意前来。而太子对读书人恭敬有礼，为人仁义孝明，我等愿意跟随太子，陪伴太子左右。"刘邦听了想，连自己都请不来的商山四皓都前来辅佐太子，看来太子在民间的影响力不小啊！从此，便打消了废太子的念想，并亲切地对四人说："烦公幸卒调护太子。"商山四老为刘邦祝寿后告辞而去。刘邦目送四位老人步履蹒跚的身影，心中悲喜交集，感慨万千。他将戚夫人叫到自己的身边，指着远去的四老，凄楚地说："我想废掉太子，没想到他有四贤辅助，太子的羽翼已经丰满，难以动摇。以后吕氏就是你的主人了。"戚夫人知道，自己的梦想已成泡影，想到刘邦百年后自己母子危险的处境，泪如雨下。刘邦心里也不是滋味，强颜欢笑地对戚夫人说："来，你我跳一个楚国的舞蹈，我为你唱一支楚国的民歌吧！"说罢，伴着戚夫人那优美的舞姿，刘邦伤感地唱道：鸿鹄高飞，一举千里。羽翮已就，横绝四海。横绝四海，当可奈何！曾有矰缴，尚安所施！

刘邦从此打消了改立太子的念头，这场风波也终于结束了。刘盈继承皇位后，既无文韬，又乏武略，诸事受制于吕雉，无所作为。吕后掌权后，毒死了赵王如意，又对戚夫人施以酷刑报复。刘盈感觉自己的母亲犹如魔鬼，于是终日沉浸于酒色之中，结果二十几岁就死了。

朝中大臣如张良、叔孙通等人，并非不了解刘盈的才能，但他们认为，即使是一个白痴，也仍然是嫡长子。他的地位一旦确定之后，若非特殊情况是不应予以变易的，因为改易太子会不可避免地引发动荡。臣子们明白，刘邦百年之后，他与大臣们共同制定的法律、制度还存在，元勋们组成的最高统治集团还存在，才智的强弱并不影响国家的发展，而一个才智平平的守成之君是国家之福。吕雉是一个非常有本事的女人，吕氏宗族在朝廷中占据举足轻重的地位。反观戚夫人，只不过是年轻貌美，除了拥有刘邦的宠爱之外，再也没有任何可以依靠的力量。曾经叱咤风云的刘邦已到垂暮之年，他的能力已经今非昔比了，戚夫人和刘如意的失败其实是注定的。

改立太子这件事情本来是戚夫人最先挑起的，后来的事实证明此举实在是不明智。刘邦也许认为自己是一国之君，所有事情都可以按照自己的意愿来做，可是他忘记了不受客观因素的权力是不存在的。即使自己的权力再大，有些客观因素也不能改变的。试想，如果刘邦真的按照自己的意愿改立刘如意为太子，那么在刘邦死后，一场比吕氏之乱后果更为严重的战争是无法避免的。刘邦对此非常清楚，所以最后他为了刘氏江山的稳固没废太子，从这一点来说，刘邦的决定是正确而又明智的。

但是这件事情为戚夫人母子的悲惨命运埋下了伏笔。戚夫人的结局虽然可怜，但是造成这种结局她也有一定的责任，她只是想凭借自己的美貌、温柔赢得刘邦的心，从而把自己的儿子推上皇位，但是她没有考虑到一旦改立太子之事失败的后果，也没有想到事情的严重性，这也是她的不明智所在。

白马之盟，杀机四起

英布谋反，刘邦率兵亲征，在这次战役中，刘邦胸口又中了一箭，此时的刘邦已经年逾花甲，身体每况愈下。回到长安后，病情又进一步加重，刘邦已经预感到自己将不久于人世了。

正在这时，传来了卢绾反叛的消息。卢绾不但是刘邦从小一起长大的朋友，还是刘邦后来打天下的得力助手。卢绾的反叛对刘邦无疑刺激很深，使他不敢再相信任何人。这时，吕后的权力在不断膨胀，更使他忧心忡忡，他怕自己死后吕后专权。于是就心生一计，决定采用立盟誓的方法，确保刘氏家族的长治久安。

于是刘邦就选了个黄道吉日，令文武大臣到太庙参加祭祀刘氏祖宗的典仪，吕后也奉命前来。

祭桌上供列着牛、猪、羊三牲，旁边还系着白马。午时三刻，刘邦点上一柱香，然后站到供桌旁，右手一挥，喊道："刑白马！"持刀待命的武士一剑刺入白马胸中。白马长鸣一声，倒在地上，鲜红的血如同泉水喷出。另有侍从赶过来将血接入盛酒的碗中，文武大臣包括吕雉在内，每人分给一碗。

刘邦端起血酒，一字一顿地说："从今以后，不是刘姓宗室的人，不得封王；不是立有战功的，不得封侯。敢有违背盟约者，不管地位多高、权力多大，天下都要共同讨伐！"说完，仰起脖子，一饮而尽。吕后捏着鼻子，屏住气息，把血酒吞进了肚子。文武大臣们也举着酒杯发誓："谨遵圣命，万死不辞！"然后庄严地一口喝掉。

吕后心里明白：刘邦这样做完全是冲着自己来的。

白马之盟刚结束，一个近身的侍卫提醒刘邦道："舞阳侯樊哙的妻子是吕后的妹妹，是属于吕氏集团的人。如今樊哙领着大军伐燕，万一要趁着陛下身体有恙之时，带军队回来帮助吕后诛灭戚夫人和赵王该怎么办？"

刘邦知道，戚夫人撺掇自己废掉太子，改立刘如意为太子时，吕后就已经恨透了戚夫人。想到此，刘邦就决定除掉樊哙。

樊哙对刘邦始终是一片忠心。鸿门宴上，他置个人生死于度外，勇闯虎穴，救刘邦出危境；在还定三秦的作战中，他攻郿邑，占槐里，水淹废丘，杀章邯；之后，又俘臧荼，捉韩信，灭陈豨，功不可没。

尤为可贵的是，樊哙为人率直，敢于当面指出刘邦的问题。英布在淮南叛乱，告急的奏报如同雪片，刘邦却与太子刘盈和吕后赌气，躲在宫里不见群臣。大臣们心急如焚，可谁也不敢违反皇帝的禁令。樊哙推开拦路的护卫，径直闯进内宫。刘邦躺在龙床上打盹，樊哙声泪俱下地劝告说："陛下当初领着我们从沛县起义，东拼西杀，夺取天下，那是何等的英武！如今却变成这个样子，萎靡不振实在叫人寒心！难道秦亡的教训，陛下这么快就全忘了吗？"催人泪下的话语，使刘邦猛然惊醒。急忙到大殿上与群臣研讨南征英布的计划。

可是，在这种权力斗争的关键时刻，刘邦不得不擦亮眼睛，重新审视一下身边的形势。吕后虽是女流之辈，但心肠毒辣，樊哙又是一员猛将。而且又是吕后的妹夫，万一以后忠于吕氏，刘家的皇权就会受到威胁。不如杀了樊哙，断了吕后的左膀右臂。刘邦出此下策，也是迫于无奈。

刘邦拿定主意后，随即召来陈平和周勃，命令他们日夜不停，追上樊哙，趁他不妨，砍下他的头颅。

陈平是个非常聪明的人，他在路上对周勃说："樊哙不仅是陛下的挚友，又是皇室的贵戚，陛下现在生气，要我们去杀樊哙。如果日后，吕后掌权，怪罪下来，我们就得不偿失了。为了安全起见，我们不如只抓不杀，带回来给陛下自己去处理。"两人追上樊哙，在附近找了个僻静的地方，向其宣读了圣旨。樊哙表现得十分平静，他从容地向北叩了两个头，交出兵符印信，反背上自己的双手，听由军士捆绑，让陈平押解回京。

樊哙被陈平等人押解到长安时，卧病在床的刘邦已去世，作为吕后的妹夫，吕后很快就释放了他。陈平不愧是一代谋士，这样做不但保住了樊哙的命，同时又向樊哙卖了一个好。

荣归故里，刘邦病逝

刘邦征战多年，前后负伤十几次。在英布叛乱之后，六十二岁的刘邦亲自率大军讨伐。但在平定英布叛乱时被流矢射中，回到长安后病情已很严重。公元前195年，刘邦去世，终年六十二岁，庙号太祖。

刘邦在征讨英布凯旋途中路过老家沛县，便召集家乡父老乡亲团聚。刘邦此次衣锦还乡，受到了家乡父老的盛大欢迎。看着熟悉的山川草木，听着熟悉的乡音，刘邦喜极而泣。他大摆筵席，与父老乡亲在宴会上畅叙旧情，一起回忆许多有趣的往事，欢声笑语，热闹非凡。刘邦连饮几杯醇酒，亲自作了慷慨激昂的《大风歌》，歌词是这样的：

大风起兮云飞扬，威加海内兮归故乡，安得猛士兮守四方！

刘邦离开坐席，踏着家乡歌曲的节拍，缓缓起舞。回首往事，历历在目，一时慷慨伤怀，不觉泪如雨下。与会的家乡父老见此感人场景，无不掩面挥泪，宴会之上，一片唏嘘之声。

《大风歌》短短三句歌词，道尽了刘邦气势恢宏的一生，唱出了他临终前的希望。是啊，在秦朝末年那个风起云涌的时代，刘邦以一介亭长，率众起义，竖起反秦大旗，历尽艰辛，发展壮大。接着，统帅不足万人的队伍，挺进关中秦朝腹地。仅仅一年的时间，队伍就发展成十万大军，完成了"伐无道，诛暴秦"的历史使命。四年多楚汉之争，面对天下无敌的西楚霸王项羽，刘邦以小敌大、以弱胜强，终于战而胜之，再一次统一了中国。此后，刘邦削平异姓诸侯王，与匈奴"和亲"，与南越通好，恢复生产，与民休息。这一切，是何等的辉煌呀！

以垂暮之年返回故乡的他，已经不再是当年那个不事生产、游手好闲的泗水亭长了，而是威加海内、功业显赫的帝王。此时的他，心中唯一的希望是有更多的猛士为这个新生的王朝挺身而出，使之兴旺发达。

刘邦最后对家乡父老说了如下一番话：游子悲故乡。吾虽都关中，万岁后吾魂魄犹乐思沛。且朕自沛公以诛暴逆，遂有天下，其以沛为朕汤沐邑，复其民，世世无有所与。

之后，刘邦依依不舍地离开了生他养他的家乡，向曲阜出发。十一月，刘邦车驾来到鲁地，以太牢的礼仪祭祀孔子，表达了对孔子极高的敬意。以统一全国的帝王身份亲临曲阜祭拜孔子，刘邦为第一人。

刘邦回到宫中后就卧床不起了。身体每况愈下。

吕后是看在眼里急在心里，请了一位医术高明的医师给刘邦看病。在经历了那么多不可思议的事情后，本来不信奉神灵的刘邦这时也不得不相信了，他认为自己能成功是拜老天爷所赐，他平静地说："我出身平民，现在却统一天下当了皇帝，这难道不是上天所赐吗？既然我的命运是由老天决定的，即使是扁鹊那样的神医来为我治病，又有什么用呢？"于是，刘邦赏了名医五十斤黄金，让他离开了。

刘邦的情况越来越糟糕，已经生命垂危了，吕后来看望他并询问他对后事的安排。

吕后问道："陛下认为今后谁可以继萧何的丞相之位呢？"

刘邦回答道："曹参。"

吕后又问道："那曹参之后呢？"

刘邦回答道："王陵。"

刘邦又说："但是王陵为人憨厚，不善于用计，必须让陈平辅佐他。单是陈平一个人还不够，还需要周勃的帮助。周勃虽然忠厚，没什么文才，但他可以安定刘氏天下。"

吕后又问："周勃之后要用谁？"

刘邦说："以后的事我怎么能知道呢。"说完这一句，刘邦就过世了。

刘邦的遗嘱显示了他的英明之处。萧何、曹参、周勃、陈平、王陵等人都是追随其创建帝国的功勋大臣，刘邦了解这些人的品质、才能、作风、爱好、习性，相信他们都是大汉王朝的忠贞之臣，能够把他与萧何等人制定的路线、国策、方针忠实地继续下去，所以将他们安排在最关键的位置上，使他们继续发挥自己的才能。后来历史的发展也证明了刘邦的遗嘱具有高度的预见性。

萧何、曹参、王陵、陈平相继为相，使汉王朝在刘邦制定的政策的指引下稳定发展。陈平、周勃等人在吕氏集团危及刘氏皇权的关键时刻挺身而出，以周密的计划诛杀诸吕，挽救了刘氏政权。

高祖十二年（公元前195年）四月二十五日，刘邦死于长乐宫，葬于

第七章　兔死狗烹，铲除异己

陕西长陵。刘邦虽出身卑微，但为人豁达大度，机警敏锐，历经坎坷平定天下，谥号为高皇帝，庙号为太祖，史称汉高祖。

自此，大权落入皇后吕雉手中。

吕雉，字娥姁，山东单县人。刘邦称帝后封她为皇后，后世称其为吕后。吕雉性格刚强，智谋出众，从刘邦起兵之初便跟随其左右，为汉朝的建立作出了重要贡献。汉初，吕后设计擒杀功臣，翦除异姓王，稳定了大汉社稷。高祖刚驾崩时，吕后担心那些开国元勋居功自傲，趁机作乱，因此想密不发丧，然后秘密处决所有掌握兵权的将领。

郦商闻听此信，赶忙劝吕后道："现在陈平和灌婴率军十万驻守荥阳，樊哙和周勃率军二十万驻守定州。如果他们得知高祖驾崩，皇后要处决武将，必然会合兵杀奔长安。到那时，京城的文武大臣定会起兵响应。如此一来，汉家社稷就将灭亡。"吕后闻听，十分惊恐，便立即发丧。随后，太子刘盈登基为帝，即汉惠帝。

汉惠帝刘盈下令所有诸侯国都要建高皇帝的神庙，每年都要举行盛大的祭祀活动。唐代史学家司马贞曾这样评价刘邦："高祖初起，始自徒中。言从泗上，即号沛公。啸命豪杰，奋发材雄。彤云郁砀，素灵告丰。龙变星聚，蛇分径空。项氏主命，负约弃功。王我巴蜀，实愤于衷。三秦既北，五兵遂东。汜水即位，成阳筑宫。威加四海，还歌大风。"

刘邦青年时，亲眼目睹了强大无比的秦军，在十年之内以武力扫荡六国，完成统一大业。以后，更耳闻秦军北伐匈奴、南平百越，使疆域北抵大漠，南临大海。刘邦在沛县起义，开始自己的戎马生涯。他统率着自己的军队，驰骋于秦腹地关中，亲眼看着不可一世的秦王在自己的战马前递上降表；亲自见证叱咤风云的盖世英雄项羽兵败垓下，身死乌江；看着一个个能征善战的异姓诸侯王，无可奈何地走向灭亡。这个一生充满传奇色彩的帝王就这样走完了人生最后一段路。

第七章 兔死狗烹，铲除异己